U0462014

大侦探
投资学

The Detective
and the Investor

Robert G. Hagstrom

［美］罗伯特·哈格斯特朗(Robert G.Hagstrom) 著

崔振巍 译

中国人民大学出版社

·北京·

推荐序一　圣人可否学而至？

大凡崇仰巴菲特的人，一定读过《巴菲特之道》这部经典。该书作者是罗伯特·哈格斯特朗。大约 40 年前，哈格斯特朗大学毕业后步入社会，在最初的工作培训中接触到《巴菲特致股东的信》，一读之下，对巴菲特惊为天人，从此一发不可收。

《巴菲特之道》是他 1996 年创作的第一本关于巴菲特的书，该书一经问世，便荣登畅销书榜首，多年以来长销不衰，至今依然是世界各地巴菲特迷的必选读物。近 30 年来，他在主业之外，陆续写了大约十本关于巴菲特和芒格的书，包括《巴菲特的投资组合》《查理·芒格的智慧：投资的格栅理论》等，但其中有一本一直没有中文译本，这本书的名字叫《大侦探投资学》。

如今，家居沪上的崔振巍先生弥补了这个遗憾。振巍是第二届全国财经写作比赛一等奖得主，复旦大学 EMBA，伯贤书院的创始人。他是读友会里著名的"三振"之一，同时也是《知行录》系列文集整理工作的领头雁。这本《大侦探投资学》是他的首部译作。

全书共分八章，描述了一些人们儿时就耳熟能详的侦探故事，例如柯南·道尔笔下的福尔摩斯侦探故事，并由此进一步探讨如何将侦探般的敏锐嗅觉运用到投资上来，以避开陷阱，挖掘价值，有侦探情结的读者可以一阅。

书中更多细节留待读者自己去探索。凡是对"传奇侦探未曾揭示的技巧"这个话题感兴趣的读者，一定是愿意追求卓越的。但能否达成这一目标，这个话题就像学习圣贤可否成为圣贤一样，令人深思。哈格斯特朗说他印象最深的巴菲特说过的一句话是："我们做的事，没有超越任何人的能力范围，我感觉根本不必为得到超凡的结果，去刻意做什么超凡的事情。"

在财经世界里，巴菲特被誉为"奥马哈圣人"（Omaha Oracle），也可以说是"投资界的圣人"。对于圣贤之人，人们一般会用"高山仰止"一词表达敬仰之情，很多人是真的"仰止"，也就是仰慕之余止步不前，很少有人想过自己通过努力成为圣贤的事儿。既然巴菲特这个"奥马哈圣人"说不必超凡也能出凡，那有没有中国的圣贤持有同样的观点？答案是：有。

不久前，我们刚刚拜访了一位从小便立志做圣贤的人。2023 年 8 月，我与冠亚、振巍一行十数人前往西南进行了一场

"贵花会"活动，这是"贵州拜阳明，花溪谈论语"的简称。此行专门去了修文和遵义。修文是 500 年前王阳明被贬谪的地方，遵义是中国革命的伟大转折点。

王阳明被誉为中国历史上"两个半圣人"之一，当年由于仗义执言被贬谪到偏远的修文做驿丞，名为基层官员，实际上除了自家仆人之外，就是一个"光杆司令"，连栖身的茅屋都没有，只能住在山洞里，这便是今天千万人拜访的阳明洞。正是在这里发生了一啸破长夜的龙场悟道，诞生了"阳明心学"。

王阳明一生探索，也留下了"七日格竹而不得"的往事，最终在以文载道的同时，立下不世军功，成就了立德、立功、立言"三不朽"丰碑。我们一行人穿行于阳明文化园中，在"天泉四句"前论道，在"我心光明"前沉思。其中有一句话最令人欣慰："圣人必可学而至"。我指着"可学"二字问："看看这两个字，大家想到了什么？"

巴菲特说："投资，并不是一场高智商打败低智商的游戏。"王阳明先生说："人人皆可成圣。"可见，圣人的心是一样的，那就是教化众生，鼓励向好。一个人自己成功之后，还不忘给众人以希望，这才是其最令人敬佩的地方。

既然人人"可成"，那么为什么很多人却"未成"呢？这一点，本书译者或许可以提供一些答案。

像大多数人一样，年近不惑的振巍也是一个出自普通人家的孩子。我曾将他的名字解读为"振衣千仞冈，巍巍有气象"，前一句出自魏晋左思的诗，这首诗名为《咏史》，实为咏怀，抒发的是怀才不遇、郁郁不得志的不平之鸣。

而今千载已过，世界焕然，振巍以一己之力，创立伯贤书院，学习传世典籍，以"每天读一句"的方式，坚持 700 余天，读完了《道德经》《论语》《传习录》，接下来要读《菜根谭》。他赢得第二届全国财经写作比赛的文章名为《戴维斯家族的三代长征》。无论是万里长征，还是每天读一句，成功的关键都在于在正确的方向上坚持不懈。

如今，振巍已经在翻译第二本书的路上，翻译工作费时费力，兼顾"信、达、雅"则更是不易。例如，在各地"一万中流勤工俭学"的现场，小朋友们经常集体朗读"天南四句"：学习可以学习的，努力可以努力的，帮助可以帮助的，得到可以得到的。这看似简单的四句如何翻译成合适的英文，在表达上兼顾易读、易懂、易记、简明、对称、韵律，还是需要动一番脑筋的。很多热心的同学尝试了不同版本，精彩纷呈，各有千秋。这次"贵花会"上，我遇见了就读于某外国语小学的 11 岁佳颖和茜茜，我教她们这四句的英文版本如下：

Learn what you can learn.

Do what you can do.

Help what you can help.

Get what you can get.

秋天来了，这是瓜果飘香的季节。生活总是在忙碌中度过，世界总是在动荡中前行。华为推出 Mate60 Pro，打破了 5 年来美国的芯片打压；刀郎积 10 年之功推出新歌《罗刹海市》，火爆全网。所有这些，都是日积月累的结果。

今天，很多读者都处于像振巍一样的不惑之年，也就是说，距离活到巴菲特和芒格的年纪还有两万天。如果能每天进步一点点，那么经过"屈指行程二万"之后，一定便会有巍巍气象。如此，圣人可至矣。

杨天南

北京金石致远投资管理有限公司 CEO

推荐序二 找到属于自己的人生"画布"

提起罗伯特·哈格斯特朗，国内的投资者应该都不陌生。哈格斯特朗所著的、杨天南老师所译的《巴菲特之道》《巴菲特的投资组合》等畅销书，几乎是投资界的必读书目。两年前，姚斌老师跟我说，哈格斯特朗的书通俗易懂，精彩耐读，不过他有一本书尚未被翻译成中文，略显遗憾。这本书，就是如今振巍所译的《大侦探投资学》。

拿到《大侦探投资学》的书稿，我几乎是一口气读完，因为这本书既有引人入胜的悬疑故事，又有抽丝剥茧的企业分析。更难能可贵的是，侦探和投资，原本是看起来风马牛不相及的两件事情、两种职业，放在一起却毫无违和感。其根本原因就在于，侦探和投资的底层逻辑其实是相通的。或者说，价值投资是一种思维方式，它不仅仅适用于投资，更具有普世价值。

我们先来聊聊侦探。书中总结了伟大侦探的思维习惯：比如说杜邦，他具有怀疑心态，不受传统观念影响，喜欢对案件进行彻头彻尾的调查；再比如说福尔摩斯，他在调查时不带任何感情色彩，不放过任何蛛丝马迹，对于相互矛盾的信息也能保持开放心态；还比如说布朗神父，他广泛地研习了心理学知识，培养出了超乎常人的敏锐直觉……

所有这些思维习惯，都指向了成为伟大的侦探所必备的品质——理性。正如作者哈格斯特朗所说："人类的理性才是唯一的英雄。"

我们再来聊聊投资。如果我们研读和学习过关于沃伦·巴菲特、查理·芒格、彼得·林奇、约翰·邓普顿、霍华德·马克斯等投资大师的著作，其实不难发现，他们的言论和作品，最终也都指向了成为伟大的投资者所必备的品质——理性。也就是说，伟大的侦探和伟大的投资者，只不过从事的职业不同，但却遵循着同样的思维方式和行为习惯。

以巴菲特为例，他和杜邦一样不受传统观点影响，哪怕是依靠格雷厄姆"捡烟蒂"的投资体系赚到了很多钱，他依然能够继续吸收费雪和芒格的思想精华，最终走上了投资伟大企业的价值之路；他和福尔摩斯一样保持着开放心态，即便是在 86 岁高龄时，还大举投资了从前不会关注的苹果等科技型企业，并大赚上千亿美元；他和布朗神父一样关注心理学，认为"市场先生"的癫狂无法预测，只能利用……

　　巴菲特依靠理性，成为伟大的投资家；福尔摩斯依靠理性，成为伟大的侦探。现在，我们问个脑洞大开的问题：如果巴菲特改行调查案件，他会不会成为伟大的侦探？如果福尔摩斯改行研究企业，他会不会成为伟大的投资家？

　　我先给出我的判断，答案是肯定的。在我看来，只要具备了理性、开放、独立思考、敢于质疑等特质，无论从事什么具体的职业或身居什么岗位，大概率都能取得不俗的成绩。正如巴菲特评价比尔·盖茨时所说的："就算让盖茨去卖汉堡，他一样能够成为汉堡大王。"

　　实际上，对于巴菲特而言，投资只是他人生的一块"画布"；对于比尔·盖茨而言，软件只是他人生的一块"画布"；对于福尔摩斯而言，探案只是他人生的一块"画布"。有了这块"画布"，他们身上那些优秀的特质就会展现得淋漓尽致。由此我想到，找到属于自己的人生"画布"，持续塑造和淬炼我们的品格，有可能是我们成长中最重要的课题之一。

　　如何选择人生的这块"画布"，很大程度上取决于我们所处的时代和社会环境。格雷厄姆生于 1894 年，人生壮年时期正好赶上了"大萧条"，股市整体下跌 89%，几乎没有投资者可以幸免，所以他注定只能成为伟大的投资理论家；巴菲特生于 1930 年，等到他走上社会的时候，美国已经迎来了第二次世界大战之后的复苏和繁荣期，巴菲特就这样开启了自己愉快的投资之旅，所以他才有机会成为伟大的投资家。

如何选择人生的这块"画布"，当然也离不开我们自身的努力和精进。尽管巴菲特一再谦称，自己的成功其实得益于中了"卵巢彩票"，得益于赶上了美国经济快速发展的"顺风车"，但出生于20世纪30年代的美国白人男性，可远远不止巴菲特一人！运气，不过是强者的谦辞而已。时代给每个人都插上了一双翅膀，只不过有人用来翱翔，有人用来熬汤罢了。

我常常跟身边的青年朋友们讲，在经历了40多年的改革开放之后，中国国力富强，经济蒸蒸日上，人民安居乐业，我们才有可能坐在这里谈论投资之道；假如我们早出生100年呢？那么，面对祖国山河破碎，外敌入侵，我们大概率都会选择征战疆场，报效国家。生逢盛世，我们是人类历史上非常幸运的一批人。相比于我们的祖祖辈辈，我们拥有了更多的选择自己人生"画布"的自主权。

写这篇序时，我和振巍刚刚结束了8月的"贵花会"。此次贵州之旅，我们到孔学堂瞻仰了"万世师表"的孔子遗风，到阳明洞重温了"知行合一"的心学要义，到遵义会议会址领受了"艰苦奋斗"的长征精神。每每回想，不禁让我感慨：孔子传道授业，阳明著书立说，伟人纵横捭阖，他们在不同的时代，依靠着同样的精神追求，都找到了属于自己的人生"画布"，都书写了不负时代的璀璨华章。

在我的身边，我也很欣喜地看到，很多师友都在自己的人生"画布"上奋力挥写着青春：天南老师衔枚不懈，坚持连载国内持续时间最长的财经专栏；唐朝老师笔耕不辍，7 年来写下超过 1 000 篇的投资精华；振巍坚持《论语》和《传习录》一天一读，已经超过 700 天；而我以"我读巴芒"和《巴菲特致股东的信》"原文精读"为媒，也在每日精进着自己的投资和人生……

蓦地又想到了《论语》里的一句："发愤忘食，乐以忘忧，不知老之将至云尔。"早早地找到自己的人生"画布"，一辈子快快乐乐地"跳着踢踏舞去上班"，这大概是人生最美好的样子吧！

王冠亚

基金经理，译有《巴菲特的嘉年华》
《比尔·米勒投资之道》《超越巴菲特的伯克希尔》，
中南财经政法大学硕士研究生合作指导导师

推荐序三　投资者的宽度

　　《大侦探投资学》是罗伯特·哈格斯特朗先生写作的一本立意奇特的书。作者本人是一位成功的投资者，在写作领域同样颇有建树，他的另一著作《巴菲特之道》经杨天南先生翻译引入中国后，成为流传甚广的投资经典。

　　本书的构思很巧妙，通过介绍三位小说中的伟大侦探：杜邦、福尔摩斯和布朗神父，根据他们调查案件的方式方法、个性特点，发现了投资和探案这两个看似完全不同的领域所需要的共通品质。

　　一般的投资书籍大多会涉及对普通人来说阅读难度很高的财务知识，本书却巧妙地避开了这一点，把写作重点放在了"人"上，简单明快，轻松易读。从书名就可以看出，作者希望取悦的读者是对投资和探案这两个领域都有兴趣的人。

通观全篇，哈格斯特朗做了很多简洁的总结，比如，收集信息按三个同心圆进行：间接信息、直接信息、相关人。如果你想快捷地获得一些投资干货，很容易迅速定位，但我还是推荐你找一处安静的地方，以闲适的心态去阅读这本书，因为书中的语句真的很优美，比如：

"他们通常对进行中的故事充满了工作的激情，正是这种激情点亮了坚韧不拔、探明真相的道路。这种内在品质，你无法教给他们，有则有，无则无。"

"夕阳西下，暮色深沉，山风突然凛冽起来，一只小火炉立在石板上，那闪烁的火焰像是妖精的红色眼睛。"

"白色的道路蜿蜒向上，活像一只洁白的猫在攀登高峰，它像套索一样被抛向遥远的海角。然而，无论它爬到多高的地方，沙漠里仍然鲜花盛放……它就像是荷兰的郁金香花园，被炸药的能量吹到了星星上。"

诸如此类的译笔还有很多。

我一向认为价值投资的理念非常简单，但真正做到并不容易。投资者只要身在市场，必然会面临账户涨跌的周期起伏，在个人心态面临极端考验之时还需要保持理性，坚守正确的理念，同时用自身宽阔的知识域去丰富它、实践它，这是投资中很难的地方。

观察历史上成功的投资家，他们都有一个共性：阅读视野宽广。巴菲特每天把五六个小时花在阅读上，持续学习了60多年。芒格把自己变成了行走的书架子，提出了著名的思维格栅模型。投资者看到的是他们赚了很多钱，似乎主要靠财务领域的深度，却容易忽视他们背后多年所积累的宽度。

如果做投资仅需要学好财经领域的专业知识，那么财经大学的教授恐怕早就成为最成功的投资家了，显然真相并非如此。成功的投资家所涉猎的知识领域之宽广超出了普通人的想象，其中既包括直接相关的行业资料、商业逻辑，还包括心理学，甚至像本书提到的侦探小说这种看上去并不相关的知识样态。用各行各业的思维模型来充实价值投资的思维方式，发现底层的共通规律，既是获取普世智慧的必经之路，同样也是调剂投资者心性的利器。如果你也想投资成功，恐怕只有下定"学其难处"的决心，才会得到"行其易处"的快乐。

投资者的工作通常需要收集和处理大量的财务数据，而且，在一段时期内，个人的努力程度和实际回报不一定正相关。一边学习，一边亏钱，可能是他们必然要面临的阶段性工作状态。

在你辛勤付出之后，不但没有取得设想中的回报，反而迎来了接二连三的打击，这时就需要一种力量来调剂自己的心性。哈格斯特朗选择了侦探小说。中国的巴菲特追随者则可能会用其他的方法，比如我看到译者崔振巍正在学习阳明心学。所以，如果你是一位坚信长期主义的价值投资者，本书会为你增加一个思维模型的角度，同时让你在面临打击的投资路途上，增加一些与之从容周旋的力量。

作为去哪儿旅行网的首席执行官，我的使命是带游客看世界，也就是"行万里路"。当我读完这本打通两个维度的书之后，倒是看到了"行路"和"读书"也有共通之处。无论是游人行遍万里路，还是巴芒读破万卷书，都可以说是同一件事，那就是：认真地、踏实地去观察、理解、体会这个世界的真实，进而接近、尊重世界运转的规律。

写一部侦探小说需要专业度，投资同样是很专业的事情。在价值投资领域具有相当的实力和经验，同时又具备作家能力的人，无疑是凤毛麟角，哈格斯特朗正是这样的西方人，翻译本书的崔振巍也刚好是走在这条路上的东方人。他们二人同时具备这两个专业的向度，用各自的工作完成了本书在两个不同人群间的连接，正好说明了东西方文化也确有内在的贯通之处。

作者的写作轻松自如，译者的文笔优美流畅，希望作为读者的你，也能和我一样，找一个轻松的周末，享受这本小书带来的乐趣。

陈刚

去哪儿旅行网首席执行官

译者序　投资求真

　　本书的作者罗伯特·哈格斯特朗是研究巴菲特的美国著名专家，著有《巴菲特之道》《巴菲特的投资组合》等投资领域的畅销经典。但本书的主题却和巴菲特本人无关，而是提出了一个有趣的命题：投资者为什么要向小说中的大侦探学习？

　　哈格斯特朗在前言中说，这是一本写给追求长期主义的投资者的书，它同样适合喜欢悬疑和侦探小说的读者。作者希望表达的主题是：投资和探案一样，是有关认真解谜的冒险，而不是随意猜谜的游戏。

　　初看书名，想必你会如堕云雾：投资者和侦探，究竟会有什么联系？作为译者，我也曾有这种疑惑。随着作者叙述的深入，两个职业底层的连接逐渐清晰起来，我总结为四个字：投资求真。

本书的写作重点没有放在和投资相关的财经专业知识上，而是借由世界闻名的大侦探成功破案的经历告诉我们：一名优秀的投资者需要具备的做事风格和心理品质，和伟大侦探有异曲同工之妙。伟大侦探在千丝万缕的谜案线索之中，找到破局的关键支点，抵达真相；投资者在瞬息万变的企业发展进程中，分析相关信息的真伪，坚守价值。

这两个职业底层的相通之处，正好呼应了中华文化的内涵：术可万变，道却不变。证一道，破万术。

书中提到了一个令我印象深刻的案例：阳光集团骗局。空降公司的首席执行官邓拉普惯用会计手段调节利润，继任之后，对外界发布了狂飙激进的销售计划，希望借此拉高股价，实现期权套现。记者莱恩认为此事不简单，通过抽丝剥茧的分析，发现了财报账目之间的腾挪转移，由此推导出结论：一份被"打扮"出来的利润表并非真相，而是存在人为造假的因素。

如果你是一位向莱恩学习的投资者，经过一番分析之后，发现了被掩盖的真相，那么，即使看到阳光集团的股价在不断上涨，想必你也不会买入其公司的股票，这就是投资求真之后带来的认知胜利。

巴菲特说："与坏人打交道，做成一笔好生意，这样的事情，我从来没有遇到过。"投资者需要发挥探索求真的精神，识别出那些和推动世界走向"真善美"毫无关系的企业，将它们排除在"买入清单"之外。这就是价值投资者的价值观。

哈格斯特朗不仅为投资者指明了努力的方向，还在书中总结出伟大侦探善于运用的思维习惯，比如：质疑一切他人给出的结论；以客观的、不带感情色彩的立场展开详尽的调查；认为真相藏在细节之中；善用心理学，相信你的直觉。

如果用伟大侦探的这些思维习惯观察巴菲特和芒格，的确可以一一对应。比如："别人贪婪我恐惧，别人恐惧我贪婪"，是在质疑大众投票的合理性；阅读上市公司和其竞争对手的年报，拜访管理层，是全面和认真地调查一手资料，避免直接引用他人的结论；芒格提出的"人类误判心理学"，则是对人性和心理展开研究。如果巴菲特和芒格生活在福尔摩斯的时代，他们会不会成为伟大侦探呢？读者可以自行联想。

巴菲特、芒格都可谓不世出的天才，联手缔造了伟大的伯克希尔帝国。然而，荣耀加身的背后，他们遵循的生活方式却极其简单，和一些顶流富豪奢华的标签如游艇、豪宅等相去甚远。

两位智者都是行走的书架子，阅读一切，思考一切，和大众普遍的行为保持了一定程度的疏离。这也会让我想起租住在贝克街的福尔摩斯和华生，两人在炉火前沉浸在各自的书中，静默无言，仿佛和喧哗的外界断开了联系。

巴菲特一直没有卖出过伯克希尔的股票，这不禁会让好奇的人问上一句：股神做投资的目的究竟是什么呢？难道不是为赚钱，升级消费，享受生活？我认为，还是可以回归到求真。他们的一生都遵循着对价值的发现、买入和坚守，过着清教徒式的简单生活，主动断开了和物欲升级之间的联系。也许在许多人看来，这种人成功之后的生活如此乏味，但他们却甘之如饴，乐而忘忧。

我时常会想，表面上看，巴菲特和芒格享有投资家的盛名，本质上，他们却更像是求真的学问家。巴菲特每天花费五六个小时埋首书堆，收集、积累贴近企业真相的一切信息，沙中寻金，乐此不彼。芒格则把自己活成了一部百科全书，善用多学科思维模型，求得纷繁世界的表相背后所遵循的简单规则。和侦探一样，发现真相才是他们真正的乐趣所在。相比小说中的大侦探，他们只是多做了一件事：追加了一份真金白银的下注。所以，当真相浮出水面的一刹那，他们同时收获了双份的快乐：求知的快乐和赚钱的快乐。还有什么比这两者的奇妙结合更令人愉悦的活法吗？

与书中提到的伟大侦探一样，巴菲特、芒格在分析企业时面对的一样是纷繁复杂的线索。普通人只要愿意下功夫，都可以一一发现这些线索。但是，想要解读出线索背后所指向的真相，既需要一套正确的思维模式，还需要洞悉人性运作的密码，这些都需要提升对世界的认知，是急不来的慢功夫。芒格所说的"40 岁之前没有真正的价值投资者",正是对这种慢功夫的尊重。

两年多前,我告别携程旅行网高级总监的职位,计划全职进入投资领域。受到杨天南老师"学习圣贤,过好一生"思想的影响,我计划认真学习中国的儒、释、道传统文化。为达成目标,我成立了伯贤书院,聚集了一群希望共读国学的同学们,每天读一句经典,写下四五百字的感悟,如今已经超过了 700 天,写下的感悟也有近 40 万字。

曾有一段时间,我觉得做书院和做投资是两件事。直到看到《大侦探投资学》,我才发现:学习传统文化和做好投资之间,同样有底层的连接,都是走在求真的路途上。中国的投资者当然需要学习国外的投资理论,但还有另一项重要的任务:深度理解中国源远流长的文化,认清当下中国的客观现实。

2023 年 8 月,我和天南老师、王冠亚及十多位读友会同学共聚贵阳,游历孔学堂、阳明文化园、遵义会议会址,寻访当年圣贤走过的足迹,体会千年文脉中的中国历史。在遵义会议会址的一面墙上,我看到了毛主席在 1963 年写下的一句话:"我们认识中国,花了几十年时间。中国人不懂中国情况,这怎么行?"毛主席当年带领革命先辈认识中国,尚且需要花几十年的时间,在黑暗中摸索通往真理的道路,足可见认知之难、求真之难。

对今日的投资者来说，如果你想踏入这个世界，追求预想中的财务回报，除了积累必要的本金，学习相关的财务知识、投资理论，更重要的准备则是叩问自己的内心：你是带着求真的渴望而来，还是计划赚一把快钱就走？

受益于如今便利的互联网平台，股民入市的成本变得极低，开户、买卖股票通过手机软件就可以轻松完成。然而，通往投资求真的路途却一点也不轻松。如果你能认真践行书中伟大侦探教给我们的方法，不仅可以避免误入随意买卖的歧路，投资本身也会变成有关寻找真相的探险，你将和巴菲特、芒格一样，乐在其中，最终寻到价值的真味。

崔振巍

伯贤书院创始人，

携程旅行网定制游事业部前首席运营官，

第二届全国财经写作比赛一等奖得主

前　言

从书名就可以看出，这是一本写给投资者的书。因此，它既不叫《大侦探投机学》，也不叫《大侦探和炒家》，这是为了让你从一开始就意识到，如果你是一个投机者或炒家，那么这本书并不适合你。

然而，你是真正的投资者吗？据我多年观察，很多人无从回答这个问题，因为他们并不清楚投资、投机和交易之间的本质区别。指责大众的无知当然很容易，事实上，过错却是由多方因素造成的，无处不在，不分先后。我指的是学术界、财经媒体和金融服务业，它们负有教育投资者，以及领航金融市场的责任。我有理由相信，在帮助人们认识这三者的区别上，它们干得不怎么样。

投资的定义是确定资产在完整生命周期的经济回报，这个过程由两部分组成，其一，根据基本的经济学原理，确定资产的经济回报。其二，基于支付的价格对预期回报进行加、减调整。

因此，如果你以相当于公允价值的价格购买一项资产，你将获得该资产的经济回报，不多也不少。如果你能以公允价值打折的价格买到，你获得的除了经济回报之外，还有市场定价回归到公允价值的附加回报。相反，如果你以高于公允价值的价格买入，你仍将获得资产的经济回报，但要减去市场定价回归到公允价值损失的部分。

本杰明·格雷厄姆的表述简洁易记："短期来看，股市是投票机；长期来看，股市是称重机。"

投机者主要关注的是市场在短期内将如何"投票"。沃伦·巴菲特说："投机者试图抛开企业的基本面，而去预测股价走势。"这意味着，他们只是简单地看一眼今天的股价，然后预测明天的走势，而不会去努力理解企业经营产生的商业价值。

投机者的预测基于对市场心理的理解，他们想象人们短期内可能买入或者卖出什么，试图据此预判市场行为的变化。然而现实是，任何一天的市场表现，都是所有投资者的即时欲望、行为偏好、性格怪癖的综合体现。如果一个人拥有足够强大的取景器，可以看清全体市场参与者的思想，那么这个人就有能力预测明天的股价，从而利用投机大获成功。遗憾的是，据我所知，这种神奇的取景器还没有被发明出来。

换句话说，一个投资者首先关注的是资产价值，其次才是股价；而一个投机者首先关注股价，其次才看资产价值，或者根本不予考虑。因此，投资者是长期主义者，投机者只想搏一把快的。

和投机者相似的是，炒家也是"短期思想家"，但他们不是依赖对市场心理的预测做决策。相反，他们试图将对经济知识的基本理解整合进交易策略中。他们很认真地收集有关利率、全球商品价格、政策变化和国际贸易关系等信息，然后把这些信息与历史上的股票走势整合进一系列复杂的图表，寻找未来会重复出现的规律，以求发现盈利机会。

换句话说，炒家的目标是从股票、债券和市场价格体现出的规律中获利。困难的地方在于，这些数据只能总结过去。大多数炒家依赖历史上的关联性作为预测未来走向的路标。这也就是为什么炒家的行为被人称为"后视镜"：这项策略只在未来与过去很相似时才有效，但正如许多人经历了失败的痛苦才认识到的，未来并不只是过去的简单重复。因此，这项策略总是在一段时期内有用，直至无效的那一天到来。当明天突然不再循规蹈矩时，那些拥有炒家思维模式的人，往往无法及时改变他们的模型和行动。

如何理解长期投资和短期贪婪的区别，是左右金融市场重要的动态力量，这对我们思考靠什么赚钱至关重要。尽管图书馆里摆满了指导长期投资的书，但人们还是很容易被诱惑进入投机和炒家的领地——满足短期贪婪欲望的情绪力量通常会压倒追求长期目标的情怀。

请允许我再重复一遍：这是一本写给追求长期主义的投资

者的书，它同样适合喜欢悬疑和侦探小说的读者。我相信这是第一本将两者结合起来的书，其基本设想是：投资者一定能从顶级侦探的办案方法和心理习惯中获益良多。

在本书中，你将见到三位堪称伟大侦探的人，他们分别是：C. 奥古斯特·杜邦、夏洛克·福尔摩斯、布朗神父。他们在办案时分析证据、解开谜团的方法，与投资者分析企业、确定价值的方法有异曲同工之妙。

虽然不知道这些伟大的侦探如何看待投资的世界（他们的故事里没有提到），但是我们有十足的把握相信，如果他们集体出现在华尔街，他们每个人都会本色出演投资者的角色，而不是投机者或炒家，这是由他们的思维模式所决定的。

我希望读完本书后，你会记住这些伟大侦探的壮举，将他们的思考方式深植于心。如此一来，一旦你回到股市，考虑是否购买某只股票时，想象一下他们其中的一位会如何处理这个问题。问问自己：我的行为是更像 C. 奥古斯特·杜邦、夏洛克·福尔摩斯、布朗神父，还是更像一个蹩脚的、迟疑不决的笨拙侦探？

一旦建立起投资者和侦探的内在联系，你自然会想到你喜欢的那些推理小说作家和侦探。等下次再拿起一本推理小说，享受惬意的阅读时光时，试着记录一下谜团是怎样解开的。也许你会发现，你喜爱的侦探的办案方法，将有助于你的下一次投资。

目　录

CONTENTS

大侦探和投资者

我和推理小说的情缘

在我的大学时代，大一和大二期间，我在纳什维尔市中心的一家旅馆做服务员，薪水很不错，相比我的那些在景观美化的岗位上挥汗如雨的小伙伴，很容易挣到更多的小费。美中不足的是，工作时间段很糟糕。作为刚来的服务生，我上的是夜班：从晚上 11 点到第二天早上 7 点。

当个旅馆服务员还不错，要命的问题在于如何应付无聊。大多数客人在我上班之前就已经入住，尽管偶尔也有客人姗姗来迟，但也只发生在我晚上到岗后的一小段时间内；第二天早上，我有时会忙于帮早起的客人退房。无聊的时间出现在凌晨 2

点到5点，此时电话铃不响了，大堂里空空荡荡，前台职员也趁机去门后打个盹儿，整座旅馆陷入死一般的沉寂。这时旅馆里唯一可以信任的人就是我了。我要在前门站好岗，随时准备为要住店的，或者早起退房的客人提供服务，尽管他们从来没在这个时间段出现过。

上班的第二周结束之后，我实在是受够了。即使让我顶着炎炎烈日去拔草，只拿一半的薪水，也比这样无聊透顶要好得多。

我把心里的想法告诉了爸爸，想找一份白天的工作。他没有和我讨论，只是伸手拿起一本书丢给我，说："当时间慢下来的时候，读读书怎么样？也许这可以让时间走得快一点儿。"

我和其他骄傲自大的大学生没什么两样。从9月份开学到第二年5月份，我们一直都在学校读书。让我再把夏天的时间也献给读书，这一点也不明智。在秋季开学之前，我可不想把脑细胞用到破裂。

然而，爸爸给我的书看上去没那么吓人，它只是一本小小的平装书，仅约1厘米厚，很容易翻完。爸爸说："放进你裤子后边的口袋里，当你觉得无聊时，可以随时拿出来看，没准你会喜欢它。"

那天我正常去上班，完全把这件事抛在了脑后。直到半夜，令人绝望的无聊时刻又来了，我抓起一把凳子坐下，才感觉到口袋里还有一个令人很不舒服的东西。

这本书是雷克斯·斯托特写的《矛头蛇》，我起初以为它是我高中时刻意避开的古怪的法国书。看到封面介绍，一切才明朗起来。"他喜欢稀有的兰花、冰凉的啤酒，他的食物美味又丰盛。他就是雷克斯·斯托特笔下身处上流社会，体重达 142 公斤的天才神探尼罗·沃尔夫。"我不太确定对兰花的感觉怎么样，但啤酒和美食听上去很不错，于是我打开了书，走进了西 35 街的上流社会街区，进入了尼罗·沃尔夫的世界。

时间过得飞快，以至于我不太清楚这一切是怎么发生的。前一分钟我还在读这本书，后一分钟太阳已经升起，电话开始响个不停，但我还有几章没有读完，于是我折页做个记号，把书塞回口袋，然后赶紧帮客人把行李搬下楼，装进在门外等待的出租车里。工作刚一结束，我立刻端起一杯咖啡，穿过马路，走进对面的公园，怀着迫不及待的心情读完了整个故事。

接下来的几个晚上，我读了许多有关尼罗·沃尔夫的推理小说，爸爸几乎收藏了所有关于他的作品，所以可供选择的书有很多。于是，我打消了辞职的想法，整个夏天都在旅馆打工中度过。尽管上班时间的前一段和后一段都有日常的任务要处理，但中间的那段空闲时光，我却可以和喜欢的两位大侦探——尼罗·沃尔夫和阿奇·古德温一起度过。我和沃尔夫的上司弗里茨·布伦纳一起为他做饭，和他的园丁西奥多一起照看他的兰花。每当沃尔夫嘲弄纽约最好的警察克莱默、罗克里夫中尉、伯利·史泰宾斯警佐时，我都会放声大笑。我很乐意跟随索尔、弗里德和奥利的脚步，他们经常被征召来协助处理复杂案件，通常有多名嫌疑人需要跟踪调查。

毕业之后，我进入金融服务业工作，一开始做股票经纪人，后来成为投资经理。随着工作范围的扩展，我需要阅读的材料堆积成山，但是闲暇时光的阅读内容基本没有改变。直到今天，在我的床头柜上总是混合摆放着那些经典推理小说和当代作家的推理作品。

看完尼罗·沃尔夫相关的作品之后，我的目光又转向了其他侦探，阅读了福尔摩斯和他的完美搭档华生医生精彩绝伦的冒险故事，随名侦探波洛和马普尔小姐参观了英国的小村庄。我和尼克·查尔斯、诺拉·查尔斯一起品尝优雅的鸡尾酒，和菲利普·马洛一起痛击犯罪头目，和萨姆·斯佩德一起在旧金山的夜晚巡逻，和凯·斯卡尔佩塔博士一起忍受离奇的验尸，和亚历克斯·克罗斯侦探一起追赶疯子，偶尔也会和亚当·达格利什指挥官一起回到英国的乡村。

为什么侦探小说如此吸引人？我想有几个原因。表面看来，精心构思的侦探小说本身就是一种极好的精神娱乐产品，让事务繁忙、困于工作压力的人们得以抽身，进入一个健康、放松的环境。阅读侦探小说是种有趣的历险：在人行道上尾随嫌疑人，躲闪着不被对方发现；在紧张刺激的汽车追逐中跟踪嫌犯；枪声响起时飞速躲进门内的暗角，听着子弹从近身几厘米处呼啸而过。

然而，除了侦探小说中惊险刺激的动作部分之外，最吸引我的还是解开谜题的挑战。一开始，所有的案子看上去都令人困惑和无解，嫌疑人列了一长串儿。随着故事的展开，侦探把所有的证据（证据就在我眼前，却被我忽视了）拼成清晰可辨的图景，不容置疑地指向犯罪者。直到今天，每当我开始阅读一个侦探故事时，我都会先在脑海中勾勒出嫌疑人名单，并深入寻找线索。对我来说，读一本侦探小说的终极乐趣是：有机会抢在侦探之前破案。

回首过去，我常思考，我对投资研究的兴趣和对侦探小说的痴迷，或许有某些方面的关联。一定程度上而言，侦破一桩悬案和判断一只股票的定价是否精确，在精神层面有相通之处：两者都是关于解谜。侦探收集线索以判断嫌疑人是否有罪；与此类似，证券分析师收集公司财务、行业等相关数据，以确定市场是否在某一天以精确的股价反映了公司的价值。

投资中的"七宗罪"

这些年来，我不仅学到了许多关于人、金钱和投资的内容，也观察到了投资专业人士在好时光和坏时光、牛市和熊市中的所作所为。我的发现是，专业人士和个人投资者一样，都会陷入同样的坏习惯。通常情况下，这些值得怀疑的行为并不会演变成灾难，但总体来说，它们对投资者所需要的清晰思考、明智决策的能力造成了潜在伤害。

我的目的是把这些坏习惯列举出来，这样我们就可以对其进行一一研究（在后边的章节中也会深入讨论）。虽然我认为有必要把它们逐一列举出来讨论，但正如你我都知道的，现实世界很复杂，大部分的动作、行为、趋势（你可以随便称呼它们）总是盘根错节的，不太容易拆解成互相独立的部分。

短期思维

从 20 世纪 50 年代开始，越来越多的美国人拥有了可以投资的现金，导致越来越多的专业人士涌入理财行业，但却没有提供客户所预期的服务。争夺新客户的竞争日趋激烈，这批新入行的经纪人——大多数人没有可供查询的长期投资记录——转而鼓吹他们的短期业绩。投资者很快明白并接受了这一点：上个季度的收益冠军将有资格拿到他们下个季度的投资本金。一旦投资者开始期待短期投资结果，投资经理将不得不尽力兑现，以避免自己失去可观的市场份额。由此创造出一种基于短期的思维方式——它们广泛潜伏，并自我延续下去。

沉迷投机

一旦投机成功，投机者在短时间内就可以获得惊人的回报，这个特点极大改变了投资生态。事实上，我们面临着令人沮丧的双重打击。为了在竞争中胜出，投资经理面临着竞赛决策速度的额外压力，但快速的决策不一定是正确的决策，以季度为比赛周期的短跑生态缺乏稳定性。

只专注于短期利益造就了倾向于投机而非投资的市场氛围，个人投资者和专业的投资经理都会受其影响。投机是预测市场心理变化的活动，投机者试图猜测在某个时间点，哪些股票可能被大众买入或卖出，以此预测市场行为的变化。简单来说，投机就是猜测人们即将会做什么，投资则是关注资产随着时间推移产生的收益。投资者关注的是公司的价值，并尝试从真实价值和市场标价的差额中获利。投资者设法理解商业的价值，而投机者只关注股票价格的变化。

从约翰·梅纳德·凯恩斯和本杰明·格雷厄姆的时代开始，我们就懂得了这一点，他们都强烈反对基于投机的思维框架。然而，在 20 世纪 90 年代科技股狂飙突进的浪潮中，我们仍然感到目眩神迷，渴望与泡沫共舞。我们中的许多人为投机思维付出了沉重的代价。

心理捷径

选择哪些股票，何时进行买卖，背后的逻辑复杂到令人难以置信，以至于个人的心理倾向于走捷径，以简化决策。他们设立了一些数据指标，设定好买卖区间，在股价触发时采取行动，其中比较流行的指标是：市净率、股息率和市盈率。还有一些指标也曾经流行过，后来被时间淘汰了。事实上，无论选择哪个指标，根本的缺陷是一样的：宇宙万象是如此复杂（我指的是所有影响公司和驱动市场的力量），使用单一因子作为决策依据，严重低估了现实，削弱了做出正确决策的能力。

消息竞赛

单一因子的决策方法并没有随时间消失。20 世纪 90 年代末，用来预测短期业绩的一个指标被称为"预估利润的偏离度"，代表一家公司实际披露的利润高于或低于市场预估的程度，一旦利润超预期，股价通常会上涨，乃至狂涨；而一旦低于预期，股价可能就会下跌。那些有机会提前获取内幕消息的专业投资者，就能在业绩的"惊喜"或"惊吓"来临之前，提前买入或卖出，获取不菲的利润。因此，获利的秘诀在于：如何及早掌握公司的内幕消息。

故此，在公司发布业绩报告之前，积极求胜的投资专家会要求和公司管理层打私人电话以及进行一对一会谈。如果这些专业人士正好掌管着十亿美元级别的投资组合，他们的特殊要求通常会被满足，而那些个人投资者和小型投资机构的基金经理则不得不等待官方发布业绩报告。

　　长期以来，这种面向特定人群，有选择性地提前透露公司信息的做法一直受到美国证券交易委员会（SEC）的反对。2000年8月，该机构通过了一项名为"公平披露监管"（简称 FD 规则）的新规，上市公司被要求公平对待所有投资者，在同一时间将同样的公司信息公布给独立的中小投资者和掌握十亿美元级别的基金经理。此举让所有投资者在获取信息上回到同一水平线，华尔街的精英再也不能声称他们之所以是更优秀的分析师，是因为掌握了更好、更新的信息。

信息迷失

　　今天，互联网的发展让海量信息变得触手可及，金融相关的资讯实时同步，无处不在，其和 FD 规则的实施一起产生作用。长远来看，FD 规则对投资者是否有利还有待讨论。然而，毋庸置疑的是，我们所有人现在都可以通过各种媒介，获取前所未有的丰富多样的信息。面对信息过载的现状，学习如何解读和正确分析数据，变得更加紧迫。

职责不清

　　大型金融服务机构里的经纪人和投资银行家之间有一条无形的隔离带。经纪人负责推销某家公司的股票，投资银行家也渴望争取该公司。这其中存在的潜在冲突很严重，因为投资银行家获利丰厚。经纪人本应客观、独立地推荐股票，但事实上，他们之间应有的隔离带经常被打破，至少公众是这么认为的。

　　在写作本书时，这个问题正受到来自公众和国会的广泛质疑，该行业正在努力编制"最佳实践指南"，希望能够恢复公众的信任。然而只要狐狸仍然在看管着鸡圈，猜疑就不会消失。

情绪左右

　　尽管专家学者寻求用纯理性的方法解释股市上的行为，但我们十分清楚，情绪因素在投资决策中扮演了重要的角色。行为学金融专家令人信服地指出了多种心理上的失误，包括自负、过激反应、偏见、损失厌恶和心理账户，这往往导致投资者犯下愚蠢的错误，令他们的投资组合蒙受不利影响。今天，研究心理学对投资的重要性丝毫不亚于研究资产负债表和利润表。

　　多年以来，投资专业人士都忙于抢夺客户。我曾指出他们的竞争优势依靠的是获取更好的信息，以及展示更胜一筹的分析能力。然而，由于FD规则的实施，市场各方可以同时获得相同的信息，于是，他们的优势只剩下一条：优秀的分析解读能力。然而，正如我们看到的那样，他们固执地依赖单指标决策模型，加上强调短期思维，大大拉低了分析水准，把我们拖入一个完整的恶性循环里，再也无法摆脱思维局限和一堆坏习惯造成的破坏性影响。

这并不是说，坏习惯是以这种或那种方式从事专业投资的人的专属。市场上总是不乏喜欢自己做出投资决定的个人，正因为越来越多的人决定单干，如今产生了更多的公司。许多聪明人都在质疑来自专业分析师的建议是否有用或者客观。现在信息获取十分方便，人们认定他们不需要专业人士的研究和分析，完全可以自己干。

接下来将发生什么？他们很快发现自己陷入了和专业人士同样的困境。他们拥有了过多的信息，却没有清晰的方法去解读。他们被市场诱惑而选择走捷径，他们会受到情绪的干扰，他们很容易被爆发的季报业绩和热门趋势所引诱，他们的心智被有破坏力的短期思维所占据。他们根本不理解投机和投资之间的真正区别。

投资和侦探的共通之处

多年以来，当我看到投资者在做分析时犯着同样的错误，我常常思考如何才能打破他们的短期思维定式和改掉他们投机的坏毛病。而我们这些理应给他们建议的投资界专业人士，应该如何帮助他们建立正确的思维框架，走向成功呢？突然有一天，灵感来了，两个截然不同的想法同时出现在我的脑海：一方面，我对人们在投资上存在的根深蒂固的问题感到沮丧；另一方面，在阅读优秀的侦探小说时，读到那些绝顶聪明的人的英勇事迹，他们设法解开复杂的谜题，找到真相的关键所在，我的心情会很愉快。那么，有没有可能，其中一个，正是另外一个的解？我们是否可以学习优秀侦探的办案方法，成为一个更好的投资者呢？

这本书的核心观点是：一个优秀的侦探所应具备的心智能力，同样适合一个优秀的投资者。他们都不遗余力地从足够广泛的来源收集信息，研究分析，去粗取精，发掘线索，最终得出唯一正确的结论。换句话说，小说里的顶级侦探所展现出的分析方法，实际上是可以平行应用到投资世界的高级决策工具。

从最基本的层面来讲，好的投资意味着要搞清楚当前的市场是否有某只证券出现了错误定价。它被高估了？跳过。它因为某种原因被低估了？这代表一个好机会。市场定价就是一个要去解决的谜题，正如一桩悬案也是待解开的谜题一样。

作为投资者，我们正站在十字路口上做选择。几十年来，我们一直尝试在最短的时间内获取最好的回报，在这个过程中养成了太多的坏习惯，走了太多的捷径。投机的帽子戴在头上太久了，以至于我们已经忘了怎么做个理性的分析师。我们拼命去预测下个星期、下个月、下个季度的股价走势，忽视或漠视了决定一家公司长期价值的线索。简言之，我们放弃了自己解决谜题的能力。也许成为更好的投资者的一个方法，就是采用侦探的思维习惯，提高我们解开谜题的能力。

而且，我们学习的对象是历史上的伟大侦探。

伟大侦探的品质特点

根据你问的对象的不同，小说中提到的侦探类型有 6～20 种，他们或者被训练成为专家（执法人员，或有执照的私家侦探），或者是有才能的业余人员。谜底可能由医生、律师、神父、心理学家、学者、记者、通灵者以及任何具有解开真相天赋的奇人异士所揭示。然而在他们中间独树一帜、出类拔萃的，是凤毛麟角的几位被我称作"伟大侦探"的人。

定义伟大侦探的首要品质是他们拥有超凡的智力、异乎寻常的敏锐思维，他们登上了更高的层次，与那些同业中的聪明人区分开来。一句话概括：他们是精神上的巨人。

在实际办案中，伟大侦探依靠智力解决谜题。这点使他们不同于大多数小说中的警探（他们进行坚持不懈的调查，并与运气相结合，比如来自告密者或预料之外的供词），也不同于现代强硬的私家侦探（男性和女性都有，他们毫不忌讳对嫌疑人、证人采取人身恐吓的手段）。这也使他们不同于衣着华丽的优秀业余侦探：那些友好的家伙们展示出多种不同的技能和个性特点（包括极端地爱打听），但他们通常解开谜题的方式是在正确的时间，出现在了正确的地方——无意中听到一段重要的谈话，偶然发现一件隐藏的物品，在机场拿错了行李箱，发现了机密。

总而言之，伟大侦探是在智力上战胜了罪犯，不是因为他们更努力，也不是因为他们更幸运、跑得更快、力量更强、射击更准，而是因为他们能更好地思考。

伟大侦探同样以一种微妙但无可避免的方式，被他们所处的时代所定义。所有小说中的人物角色都忠实反映了某个时代的风气和价值观。随着社会的演进，小说主人公的内涵同样发生着变化。现代侦探使用的是现代工具，反映现代人的情感诉求。伟大侦探富有理性，在某种程度上疏远社会的日常生活。他们更适合早先的时代。他们是历史中的经典角色，成为某种意义上的永恒。他们以无形的存在，构成了早先时代精神的一部分。

当然，我们从当代侦探身上也可以找到一些伟大侦探的特点，许多推理迷都能说出他们所喜爱的当代侦探的名字，他们同样以智力而非体力办案。但仅靠智力还不足以赢得"伟大侦探"的光荣称号。高水准思考的深度和广度，无法掩饰的满腹才华，才能将一个好侦探变成伟大侦探。在这种稀世罕有的层次上，只有极少数人才能配得上。

文学评论家和历史学家当然可以从他们的正当视角，探讨侦探小说的许多方面，然而，关于什么是伟大侦探应归属的底层品质，他们似乎达成了普遍共识。两位举世公认的侦探是：C. 奥古斯特·杜邦——第一本真正的侦探小说中的贵族英雄，以及夏洛克·福尔摩斯——聪明绝伦的侦探代表。

排在他们两位之后的应该是谁？这就产生了一些分歧，不时会有侦探被推荐上来，包括我的老朋友尼罗·沃尔夫。但最常被称为"第三伟大侦探"的还是英国作家切斯特顿笔下的布朗神父，他是一位温和的、不那么讨人喜欢的神父，创造了探案史上的奇迹。

面对摆在他们面前的谜团，这三位侦探都有相似的处理方法：他们收集所有的信息和证据，深入分析，推导出正确的结论。在场的其他人（包括读者）也有同样的信息，但他们的解读是有缺陷的。只有一类人具有全面的观察和精准的分析能力，他们从相互冲突的信息、不完整或不准确的证人和证词、令人费解的尸体线索中，逐步梳理出真相的脉络。

尽管每位伟大侦探在寻找真相的具体方法上各不相同，但他们都具备一个共同点：无与伦比的观察和分析能力。他们观察形势，看清一切，并理解背后的含义，在办案过程中表现出独特的精神力量：卓越的分析推理能力，和案件相关的渊博学识，洞悉人心的力量，还有一种不可思议的逻辑能力，为那些一开始看起来不合逻辑、不寻常、无法解释的现象找到合理的解释。

终极高手的出场次序

然而，这是一本关于投资的书，因此关键的问题在于：我们能学习杜邦、福尔摩斯、布朗神父的独特才华，发展出有关投资理念的切实可行的框架，供投资者遵循执行吗？我有这个信心！我相信，伟大侦探的精神力量对投资者有立竿见影的切实作用。因此，在接下来的章节中，我们将花费一些时间了解这些伟大侦探，探究他们的思考方法。我们将看到他们解决过的典型案例，以及办案中的细节方法。随着对每一位侦探了解的深入，我们也许就会开始理解并采纳他们的思维习惯。

在本书中，每个大侦探都有自己的章节介绍（第 2、4、6章），这三章分别与描述现代"金融侦探"的章节（第 3、5、7章）相对应。这些现代投资领域的践行者，以这样或那样的方式与金融行业相联结，表现出与侦探小说中的顶级侦探（无论是经典的，还是现代的）同样的心理特征。

现代金融侦探的其中一类人是专门针对大众财经和特定市场的调查记者。作为一个群体，这些记者表现出了许多和推理迷同样的思维习惯：他们拥有一种健全的怀疑精神，使得他们对第一印象保持质疑，拒绝接受官方消息来源所传递出的表面观点。当然，怀疑主义本身只是正确做事方式的一半，它只过滤掉无用的信息，却没有放入新的内容。所以，顶级的记者会将怀疑精神和坚持不懈的探索精神结合在一起，正是这种坚韧不拔，能将怀疑精神转变为积极的建设性。一旦他们自动无视表面现象，他们就会毫不留情地挖掘潜藏在表象之下的真相，将一个完整的故事娓娓道来。质疑那些明显的信息，挖掘出那些潜藏的事实，运用良好的推理演绎，搞清楚一切表象指向的真相，这是我们在像杜邦这样伟大的侦探和顶级的调查记者身上发现的共同心理习惯。

我们在第 3 章就遇到了这样一个记者，并跟随他深入调查了在混乱喧闹的华尔街发生的有关欺诈和破产的故事。我们还遇到了一个现实生活中的记者：记者出身的推理小说家埃德娜·布坎南，她写出了一系列令人十分愉悦的悬疑小说，讲述了一个勇敢无畏的记者发现自己面临致命险境的故事。

为了和举世无双的夏洛克·福尔摩斯相匹配，第 5 章介绍了一个想法：一位理想的分析师应该具备两种华尔街专业人士——证券分析师和信贷分析师——的技能。对于这位理想的分析师来说，证券分析师将贡献其在知识广度和推理能力上的优势，信贷分析师则贡献客观性和对细节的关注。这两个特点的完美结合将使一位现代分析师变得十分贴近福尔摩斯的行事方式。

在该章中，我们将再次看到伟大侦探和他在现代对应的同行是如何调研一家现实中的公司的，即一家正在崛起中的公司。我们还认识了另外一位现代作家——劳丽·金，她创作了一部著名的系列小说，讲述了退休后的夏洛克·福尔摩斯和他的才华横溢的年轻搭档的故事。

现代金融侦探的第三类群体是由其成员的思维方式定义的。他们运用的是综合能力：专业的培训、扎实的经验、宽广的求知心、非比寻常的直觉。一旦事情出现反常，他们便会第一时间警觉并提醒人们。这些更具有理性的人就像探照灯一样服务于整个行业和所有投资者，照亮了通往创新想法的道路，为特定股票的神秘而又异乎寻常的行为找到解释。在这一点上，他们就像布朗神父一样拥有一种独特的能力，能够同时运用逻辑和直觉观察现场，得出结论。

在第 7 章中，我们遇到了这样一个人，他在华尔街被称为文艺复兴级别的人物。我们还很荣幸地认识了另一位当代推理作家——斯蒂芬·肯德里克。他有一个非常新颖的想法，将夏洛克·福尔摩斯和布朗神父放在了同一个案件中。

最后，在本书的最后一章，我们做了一个有趣的假设：请记住，杜邦的分析才能与夏洛克·福尔摩斯不同，福尔摩斯的分析才能又与布朗神父不同，如果我们将他们三人的才华综合起来运用会如何？这样我们会打造出终极神探吗？

接下来让我们考虑一下，如果个人投资者综合运用这些伟大神探的分析能力，去解决挑选股票的难题，就像我们的终极神探解决谜题的方式一样，这样我们能打造出终极投资高手吗？他看起来会是怎样的？他会有怎样的心理习惯？他的思维将如何运作，他将如何处理每一个具体的投资案例？

我们的投资侦探必须保持开放的心态，不预设先入为主的观点，准备好研究任何一种可能性。他将精通于调查的方法，避免做出任何不成熟或不准确的假设。当然了，我们的投资侦探可能会先假设真相隐藏在表相之下，因此不会相信那些显而易见的事实。

投资侦探将会冷静分析，不被情绪起伏打断清晰的思维，他还能将错综复杂的情况拆解成可以分析的部分。也许更为重要的是，他拥有探寻真相的热情，认为事情不像它们表面看起来的那样，他一直被这种预感所驱动，持续挖掘，直到发现所有揭示真相的证据。

当我开始为这本书收集想法和背景资料时，我发现很多学者和严肃的文学评论家写了相当数量的有关推理小说的评论。

一些人直言不讳地表达了轻蔑，但更多的人似乎在进行一种文学上的辩护，想让侦探小说这种最为流行的小说形式受到更多人的尊敬。他们提到了几位展示出极高文学水准的作家，列出了过去和现在那些喜欢侦探小说的著名人物。他们总是热衷于发表社会评论，认为推理小说的风行归因于对社会道德秩序的认可，在这种秩序下，邪恶总是得到纠正，正义总是占据上风。

　　在抽象层面上思考这个问题饶有兴味，这在某些评论圈子中非常重要。然而，我并没有意愿加入关于"流行侦探小说是否值得被严肃认真关注"的这场高谈阔论中。我真正关心的是顶级侦探的分析方法和思维习惯可以被投资者加以利用。我希望读到本书的结尾时，读者不仅享受了这段阅读的旅程，还发现自己拥有了一套崭新的心理习惯，可以用来指导在市场中的投资，和那些伟大侦探的心理习惯一样。

埃德加·爱伦·坡和奥古斯特·杜邦

莫格街谋杀案

爱斯巴奈雅夫人和她的女儿被杀害的当晚，我和妻子正在院子里吃晚饭。我们吃了烩牛肉、波斯面包，还有切成薄片的番茄牛肉沙拉，以及我岳母在花园里种的紫苏。我不太清楚为什么会记得这些。晚饭过后，我拿起报纸来看，妻子打理着我们的家庭账户，大约午夜时分，在通常的休息时间，我们上床睡觉。

大约凌晨 3:00，我们同时被我此生听过的最凄厉的尖叫声惊醒，叫声中充满了惊恐和惨痛。在我们这个宁静的街区，没有什么比午夜时分的火警声更令人惊骇的了。我们冲下楼去，经过走廊时就分辨出那尖叫声来自我们屋后的街道——莫格街。我们街区的几个男人正向那个方向跑去，我赶紧把妻子推回屋内，自己也奔跑起来。

当我们转过街角时，另一些人从对面的方向跑了过来。我们一起冲到一栋四层楼高的房屋前面，尖叫声就是从那里传来的。但是，前门被锁上了，导致我们无法进去。邻居们面面相觑，不知所措。还好有两个警察及时赶到，迅速用一根撬棍打开了大门。

我们进入屋子后，尖叫声突然停止了，接着，我们分散开来，逐个搜寻一楼的每个房间，这时听到从楼上传来两个人充满愤怒的大声争吵。后来警察询问我时，我告诉他们，其中一个声音很显然来自一个法国人，我听到他喊了一声"神圣的"；但另一个声音我就不确定了，那个声音中上下起伏的语调很像外语，我猜可能是意大利语，我甚至无法从声音中断定是男人还是女人。

我们继续逐个房间查看。到达二楼时，争吵的声音也停止了，诡异的寂静带来的感觉似乎比恐怖的尖叫声更甚。我们在二楼一无所获，三楼也一样。在四楼，我们检查的第一个房间也是空的。当我们终于来到最后面的一个房间外时，我的心率不由变慢了，手指因为紧张感细微颤抖着。房门紧锁，寂静无声。

　　警察果断破门而入。这是我在走廊上第一次瞥见现场，这一幕深深地烙印在我的记忆中，并会在夜晚来临时萦绕在我的睡梦里。公寓的前厅被完全拆掉了，家具掀翻在地，灯和画都被毁坏了，床垫被从床上扯了下来，一个梳妆台的抽屉打开着，里面的东西散落了一地，纸张、珠宝、衣服、钱全部缠绕在一起，乱成一团糟。唯一没有被掀翻的是一把小椅子，孤零零地立在一个角落里。和房间里的混乱相比，这把小椅子看上去像是无辜的，只是它的上面平放着一把打开的剃刀，鲜红的血还在一滴一滴往下淌。

　　两个警察快速穿过公寓，其中一个蹲在壁炉前大声呼唤同伴来帮忙；他发现一具尸体被塞进了狭窄的烟囱里，头朝下，脚在里边儿。当警察从烟囱里向上看去时，那一张毫无生气的死人的面庞也正在凝视着他，我能想象到他脸上大惊失色的表情。他们两个人用尽全力才拖出了尸体，尸体正是房主的女儿卡米尔·爱斯巴奈雅。我们一起围过来看，只见尸体上有几处黑色的瘀伤，喉咙上是深深的指甲印。即使我一个没有受过医学培训的人也能看出，她在临死前被残忍地用暴力对待。

　　我不自觉地把注意力转向墙角的小椅子和那把鲜血淋漓的剃刀。卡米尔全身布满严重的伤口，但它们都是粗大的割伤，并不是由细小锋利的剃刀造成的，那么，剃刀上的血从何而来？

　　我又联想起另外一件事来。当我看到警察一脸困惑的表情时，我猜测他们也正在思考这件事：我们上楼时没有遇到任何人，公寓的门也从里边反锁着，窗户是紧闭的。那么，凶手在哪里？他是怎样逃脱的？另外，女孩的母亲去了哪里？

带着心理上的紧迫感，我们重新搜寻了整个房子，寻找每一个凶手可能藏身的小角落，或者另一具尸体的存放处。警察还指挥我们寻找这座建筑是否有另外的出口，例如二楼的楼梯处，或通往屋顶的入口。然而，我们翻遍了整栋房子，却一无所获。

最后，只剩下一个地方还没有搜索——小小的后院。正是在那里，我们有了新发现。现在回忆起这幕场景，仍令我不寒而栗，难以从记忆中抹去。时至今日，有一个细节我想起来还会后怕，且从未向任何人诉说过，甚至连我的妻子也不知道，写在这里——我唯一倾诉的出口。

你可能已经猜到了，我们在后院发现了爱斯巴奈雅夫人的尸体。她的脸和身体都被人恶意割伤了，事实上，伤口严重到如果我不是和她很熟悉，绝对不可能认出是她。然后，更令我们震惊的是，当警察试着抬起尸体时，头部却一动不动，显然有人割断了她的喉咙，下手很重，以至于她的头和身体完全分离了。

开创侦探小说的先河

毫无疑问，你们中的许多人会认出，前面描述的故事就是埃德加·爱伦·坡的著名小说《莫格街谋杀案》的当代版本，它被我改写成了第一人称的目击者的叙述。以这种方式重写这个故事并非为了欺骗读者，在向爱伦·坡先生致歉的同时，我也怀着同样的敬意，只是想证明，除了语言之外，他笔下的故事具备当今侦探小说的所有要素：戏剧性、悬疑、恐怖。

这个故事之所以如此精彩夺目，是因为它开创了侦探小说的先河。《莫格街谋杀案》发表于 1841 年，是人类有史以来第一部侦探小说。（请注意：我说的并不是第一部神秘故事。有些人认为，严格意义上的神秘故事出现在更早的作品中，从《圣经》就开始了。也许他们是对的，但我不认为这对我们探讨的目标会造成多大影响。）

想一想，仅用了一个短篇故事，这位天才作家就创造出了一种全新的小说类型，延续至今。事实上，从许多方面来说，它都是流行小说中最受欢迎的类型。即便爱伦·坡笔下的英雄形象（我们马上就将介绍）并不具备伟大侦探应有的品质，但他作为一个先驱，值得我们给予认真的关注。事实上，他的确是一位伟大的侦探。而这个写于一个半世纪之前的第一个侦探故事的吸引力是如此之强，以至于仅仅通过变更为现代语言，我们就能使它成为一个相当精彩的现代故事。

即便是任何一个时代最富有冒险精神的作家的作品，他们所用的语言也会体现出时代的烙印。比如爱伦·坡，尽管在许多方面都领先于他的时代，但所使用的却是 19 世纪早期深奥、庄严的语言风格，他笔下的作品读起来令人目眩，不然他还能怎么写呢？现代读者习惯了更快的阅读节奏、更清晰的词句表达，不可避免地会给他的作品贴上老旧的标签。因此，根据个人的兴趣取向，读者要么认为他的作品很迷人，要么认为其很讨厌。如果你正好属于后者，我希望你能有意识地暂时忘掉厌烦这回事儿，以便我们能从爱伦·坡的教导中学到东西。这很重要，而且值得。

回到正题，让我们再次走进这个故事。

毫无线索的恐怖谜案

谋杀案发生后，一位隐居的巴黎贵族 C. 奥古斯特·杜邦读到了有关这起恶行的报道，标题为《毫无线索的恐怖谜案》，他被这个案件迷住了。

杜邦住在一栋破烂不堪的大厦里，那里的日光被厚厚的窗帘和百叶窗隔绝在外，晚上也只有蜡烛来照明。他的室友就是讲述这个故事的匿名朋友。他不仅崇拜杜邦，还和后者有着共同的文学品位。我们对这个人知之甚少，甚至连名字都不知道。他的作用是将发生的事情和我们联系起来，同时陪衬他那位才华横溢的朋友。

第二天，杜邦和他的室友在报纸上看到了后续的报道，这则报道补充了相当多的案件细节。报道中列出了警方和目击者以及其他受害者相关人的访谈记录，还有一则令人揪心的消息：一名银行雇员最近支付给受害妇女一大笔钱，已经被警方逮捕。杜邦怀疑，前一天还找不到任何线索的警方，只是顺手牵了一只替罪羊。他觉得自己亏欠那名曾经帮助过他的银行职员一份人情，于是决定亲自出马，还朋友清白。

杜邦请求前往犯罪现场进行调查，得到了警方的许可。现在，让我们开始观察杜邦的具体行动，看他的思维模式是如何工作的，以对这位天才侦探的才华一览无余。（请注意，在复述中，我将进行适当的自由发挥，按照我的想象，一步一步描述杜邦在探案过程中详尽的调查步骤，以阐明他的具体方法。与此相反，爱伦·坡则让他的侦探用一种不同的顺序，将他的观察和解释联系在一起，而且完全在事实出现后才进行，只是事后做了空泛的总结。）

杜邦采取的第一步是仔细检查建筑的外观。在房屋的后面，他发现墙边有一根避雷针，向上延伸到四楼，距离爱斯巴

收集线索

深思熟虑的投资者不会在没有收集相关信息的情况下就做决定。

奈雅夫人房间的窗户不到两米。窗户上的百叶窗半开着，也就

是说，与墙成直角，因此从地面上看，正常的观察者只能看到狭窄的边框，而不知道百叶窗究竟有多宽，警察也完全没有任何理由再次思考百叶窗这个细节。然而杜邦却注意到，百叶窗是一体化设计，而不是铰接成几个部分，当它完全打开、与墙平齐时，距离避雷针大概只有 60 厘米远。他还注意到百叶窗的底部是一个开放的框架，而不是实木结构。在避雷针附近的地面上，他还发现一条打着与众不同的结的脏丝带。警察要么忽略了这一点，要么认为它无关紧要。

杜邦在脑海里整理着所有这些观察结果，一言不发，随后着手调查房子的内部。凶案发生当晚的现场人员都认定，公寓的门是反锁着的，这点毫无疑问，警察也发现两扇窗户从里边紧锁着。那么，凶手是如何逃离现场的呢？

在寻找真相的过程中，警察几乎把房子翻了个底朝天。现在，杜邦再次检查了他们所做的一切，并确信他们是正确的：屋子后面没有楼梯，室内没有通往屋顶的通道，没有人可以爬进非常狭窄的烟囱，没有发现任何其他秘密通道。

在排除了所有其他可能性后，杜邦得出结论，只剩下一种可能性：凶手一定是从一扇窗户离开大楼的，而且一定是两个后窗中的一个，否则大楼前面的人群不会毫无察觉。杜邦现在把他的注意力转向后面的两扇窗户。警察发现它们紧紧地关着，但警察一定是错了。不可能的一定是可能的。

　　杜邦小心翼翼地检查了第一扇窗户，他发现窗扇被一颗结实的钉子固定在窗框上。然而，当他拔出钉子后，仍然无法打开窗户，所以他意识到一定还有另一个机关。他沿着窗户的每一寸细细检查，果不其然，发现了一个隐藏的弹簧，松开弹簧，窗户就向上打开了。如果凶手爬出去之后，从外面关上窗户，弹簧扣会再次锁紧，警察进来后就会发现窗户锁得很牢。但凶手并不是从这扇窗户逃走的，因为从窗外装上钉子是不可能的。

　　于是，杜邦走到第二扇窗户。这扇窗从各方面看上去都和前一扇一模一样，包括那颗结实的钉子，但警察使出浑身解数也打不开。

　　然而，杜邦坚持推进自己的思路，确信凶手是从窗户逃脱的，也就是说，第二扇窗户必然存在着某种打开方式。他用手指沿着窗户边缘摸索，发现了与第一扇窗户一样的弹簧扣。接下来只剩一个可能的不同之处——钉子。

　　表面上来看，这两扇窗户是完全一样的，用的钉子也是同一款。但杜邦确信答案就藏在钉子里，他用指尖拨弄着钉子，发现它很容易就被分成两半。在过去的某个时间，钉子的柄儿被人折断，钉子的头儿却被放回原位。因此，如果仅仅看钉子的头部，人们永远无法知道这颗钉子实际上已经是没用的紧固件。

双向推理

有时候反过来想，你就能找到答案。

让我们停下来，总结一下杜邦的推理逻辑。他面临的情况是，杀人犯是如何从反锁的房间内逃出去的？表面上看，这是不可能的。他意识到警察对这个谜团的看法是错误的，问题的关键不在于思考凶手是如何逃出去的，而在于反过来想凶手是怎么进到房间里的。反向推理，往往可以找到正确的答案。

对杜邦来说，他在大楼后面观察到的一切都在脑海中浮现出来：高高的避雷针，离百叶窗很近，框架结构提供了很容易抓牢的指缝，如果凶手能够沿着避雷针爬到窗口，抓牢百叶窗的底部，利用百叶窗把自己的身体摆向窗口，爬进窗户大开的房间呢？作案之后，凶手就可以用同样的方式离开，在逃出去之后关上窗户。

但是，什么样的人能做到这一点呢？这需要超凡的力量和敏捷度。杜邦确信他的结论是正确的，如果果真如此，那么凶手一定是个超人。杜邦把这个确切的推论放在一边，进入下一个阶段的调查。

他仍然待在受害者的公寓里，认真细致地打量着两个人的尸体。他从那位母亲的手指上取下几小撮毛发，记住了她女儿脖子上瘀伤的形状，稍后把自己观察的结果和两名法医的验尸报告进行比对。

对案发现场室内和户外的调查，花去了杜邦一天的大部分时间。在这段时间里，杜邦没有发表任何观点，他只是默默把对每一处的观察结果在脑海中整理在一起。在回家的路上，他去一家当地报社的办公室停留了一小会儿。

现场人员将告诉我们接下来发生了什么。

回到自己的居所，杜邦给了他朋友一把手枪，说很快就会有一个人过来，他有关于案件的重要信息，必须将他扣留起来。在他们等待时，杜邦开始解释他关于这起谋杀案的推论，条分缕析地为朋友总结了他观察和获知的一切。

警方深感困惑的一点是，不同的目击者在描述他们听到的声音时存在矛盾。所有目击者都听到了差异很大的两个声音传来，而且都能明确听出来其中一个声音是法语。但另一个声音却无法辨认，他们都认为是一种外语，但具体是哪一种语言，众说纷纭，莫衷一是。其中有一位说是西班牙语，西班牙人则说是英语，英国人认为是德语，荷兰人认为是法语，法国人认为是意大利语，意大利人认为是俄语。几位目击者还描述了这种声音的特点：不寻常、不均匀、尖锐刺耳，那声调听上去完全不像是人类的语言，对听者来说，只能说是一种外语，却无法确定是哪一个语种。

接下来，关于杀手是如何通过窗户爬进来和逃出去的，杜邦描述了他的推理。要完成这个惊人之举，凶手需要非同寻常的身体敏捷度。

依据对那个女儿尸体的回忆，杜邦画了一幅和真人一样大小的瘀伤处的草图，并请他的朋友用手指来匹配这幅画。结论很明显：勒死她的绝不可能是人类的手！最后，他从那位母亲的手指上取下几缕毛发，朋友认出这也不是人类的头发。

现在，杜邦总结了他所有的观察结果。我们很容易想象出他用手指比划，模拟推理的样子。

● 那个奇异的声音中听不出明显的抑扬顿挫。

● 惨无人道的谋杀。

● 表面上看不出任何动机，因为房间里还有大量的钱和金银珠宝。

● 为什么要把尸体塞进烟囱，这令人费解。

● 只有身手敏捷的人才能爬进和逃出。

● 喉咙上的瘀伤，不是人类的手所造成，毛发也不是人类的头发。

将所有这些细节拼合到一起，杜邦得出了一个惊人的结论，虽然奇异，但的确很可信，最后，事实也必然如此。

正如杜邦向他忠实的朋友所指出的那样，警察的办案思路被案件的不同寻常之处和恐怖的屠杀现场困住了。面对如此奇异的情况，他们找不到突破口。然而，情况越不寻常，答案就越藏在清晰的思维之中。他说："在我们正进行的追踪调查之中，不应该过多地问发生了什么，而应该追问：发生了什么从未发生过的事情。"

突然，这两个人听到了有人上楼的声音，正是他们一直在等待的那个神秘人——能验证杜邦的推论的那个人，他终于来了。

你或许会问，最终发现的凶手会是谁？我的朋友们，读完整个故事，真相就会大白。

站在杜邦的角度来看这幕恐怖的场景，我们能从他推理的方式和方法中学习到什么？通过观察他的行为，我们又该在从事投资时如何运用他的智慧？

杜邦的优势之一是他有洞察一切细节的能力，不仅观察细致入微，还能以一种其他人无法掌握的全局视角来解读这些细节。警察也在现场看到了一切，却在原地受阻，而杜邦成功了。他获得成功的一部分原因是做了更彻底、全面的调查。

杜邦成功的另一个关键因素是独立思考，他不怕质疑呈现在自己面前的"事实"，尽管它们一开始看上去无可辩驳。所有目击者都认为他们听到了一种与众不同的语言，警察在确认这究竟是哪一种人类语言上浪费了大量时间。杜邦则从另一个方向看待这个问题：这个声音无法被识别出来，也许压根就不是人类所发出的！因为窗户从里面锁上了，警察就认为凶手不会通过窗户离开。

杜邦排除了所有的可能性之后，推导出了唯一可能正确的答案——与表相正好相反，有一扇窗户并没有上锁。

> **既见树木，又见森林**
>
> 聪明的投资者既能留意到细节，又能统观全局。

现代投资者可以从杜邦身上学习到两条经验：其一，思考所有可能的方向，细致观察，小心求证，如果缺少充分的信息，那么不要随意下推论。其二，不要盲目接受你所发现的，你看到的、听到的，或打听到的关于某只股票或公司的信息未必属实。专注于你的独立研究，留出足够的时间挖掘表相背后的真相。

在下一章中，我们将再次细细回味这些课程。《莫格街谋杀案》发表大约一年之后，爱伦·坡开始写作另外一个以杜邦为主角的故事。《玛丽·罗热疑案》以一件真实的谋杀故事为原型。几个月前，纽约发生了一起引起社会广泛关注的案件，一位名叫玛丽·罗热的年轻女性被杀害，真相并没有被完全揭示。为了让他笔下的法国侦探介入这件案子，爱伦·坡把故事发生地转移到了巴黎，并给受害者起了一个听起来更像法国人的新名字。

玛丽·罗热疑案

爱伦·坡称自己的第二个故事是《莫格街谋杀案》的续集，并向他的朋友解释说，他此次的主要兴趣与其说是侦破玛丽·罗热谋杀案，不如说更多地在于分析警察的调查方式。相比揭开凶手的面纱，爱伦·坡更关心的是：如何利用极具逻辑思维能力的头脑，解开令人百思不解的难题。

杜邦在调查分析玛丽·罗热案时，仅仅使用了间接资料，为投资者提供了一个绝佳的学习样板，因为他们经常面临着令人困惑的一堆有关股票或公司的信息，以及过多数据压倒了常识的金融业大环境。

玛丽·罗热是一个漂亮的年轻女人，在巴黎的一家香水店工作。她和母亲一起住在罗热夫人的房子里，并和她母亲的一位房客订了婚。

一个星期天的早晨，她离开家去拜访姑妈。按照计划，她的未婚夫会在黄昏时去接她。然而夜晚来临时，天上突然下起倾盆大雨，未婚夫猜想玛丽会像以往一样，留在姑妈家里过夜，就决定不去接她了。四天之后，有人发现玛丽的尸体漂浮在塞纳河上，可以看到严重的瘀伤和被勒死的痕迹。

这起骇人听闻的谋杀案引起了公众的注意，几家报纸开始跟随警察的调查进展刊登每天更新的消息，有时作者还会对调查结果发表一番稀奇古怪的解释说明。警察走访了许多地方，发现了在河边搏斗过的证据，同时面向社会提供丰厚的悬赏，然而谜团仍然没有解开，公众的质疑声一浪高过一浪。

在这种艰难的形势下，谋杀案发生三周之后，警察局长找到了杜邦，请求他提供帮助。虽然警方的悬赏价码已经开得很高了，但那并不是杜邦介入的主要动力，他答应下来只是因为这起案件很有挑战。

全局考量

将你知道的一切合在一起思考，放在更大的背景下分析。有关公司的细节意义不大，除非你也能知道它所在行业的一些信息。

他首先派出自己的朋友（我们的讲述者）收集所有报纸上有关这起案件的报道，从发现尸体的第一篇报道开始。然后，他把所有文章按顺序排列，把每篇文章放在一个整体中逐一研究。如此一来，相比某家报纸的记者，他就拥有了总揽全局的优势。而且，正如他向朋友解释的那样，把焦点从案件的中心处（这起案件被彻底调查但不起作用的部分）移开，全面了解所有的情况，这对破案十分有用。

在回顾报纸上发表的文章时，杜邦发现许多记者过于依赖猜测和牵强的理论，文中甚至还包含和事实明显相悖的错误。

在看破了报纸上的大多数错误理论后，杜邦再次对报道进行了全新的审视，根据合乎逻辑的规则把所有的证据碎片重新组织。他以非凡的毅力重新梳理了同样的案情，总结事件发生的时间顺序。他相信自己看到了不同的解题方向。

你也许还记得我在前面提到过，杜邦在这个故事中的做法对现代投资者在分析错综复杂的信息时十分有用。两者相似的地方在于，和今天大多数投资者一样，杜邦也只有间接信息可以使用，他必须依靠自己优秀的思考能力评估信息的价值。

玛丽·罗热被谋杀时，爱伦·坡本人并不在纽约，他完全依靠报纸上的报道写作。就杜邦而言，他从未接触过尸体、犯罪现场或是任何目击者，仅仅阅读报纸上的文章就推导出了自己的结论。也就是说，作者和侦探都只依靠间接信息就拼接出了他们认定的真相。

这同样是一名谨慎的投资者试图做出正确决定时必须要做足的功课：搜集和分析手头上所有能找到的和研究主题有关的材料。对杜邦这样的侦探来说，他们甚至要把看上去不太相关的信息纳入进来，因为伟大的侦探深信，真相有时就藏在这些边边角角的细节之中。他们小心翼翼地研究资料，密切关注其中互相矛盾和似是而非的信息。相比 19 世纪巴黎谋杀案中侦探拥有的信息，今天的投资者面临的信息量往往要庞大得多，而且它们瞬间从各种媒介（不限于报纸）向我们的眼前涌来，如何处理这股信息的洪流，考验着投资者的水平。

失窃的信

《失窃的信》是爱伦·坡创作的最后一部以杜邦为主角的小

说，创作于三年之后，成为他的代表作之一，深受评论家、编者和读者的喜爱。作为一部文学作品，它是三部小说中最为复杂的，是一部研究人性怪癖的著作，市面上也鲜有同类作品。对我们来说，希望挖掘、探索侦探的心智模型，以提高投资者的水平，这部小说恰好提供了丰富的创新思维，因为在破解谜题的过程中，杜邦展示了迄今为止我们从未见过的一系列技巧。

故事的开头，我们已经很熟悉：有一天晚上，杜邦和他的朋友各自安静地坐着，沉浸在自己的思绪中。正在此时，一位警察局长来访，再次请求杜邦出手相助。这次案件的情况有些不同寻常，因为警方已经确定了罪犯的身份，棘手的地方在于案件牵涉一位皇室成员，这让警方陷入困境。

案情是这样的：似乎是一位姓名以"D"开头的部长，在访问皇家官邸时，胆大妄为地偷走了桌子上的一封信。当他观察到女王（尽管没有明确说明，我们姑且认为前文提到的皇室成员就是这位女王）紧张不安时，他意识到信中一定有令她感觉十分尴尬的内容。他知道自己撞上了大运，机不可失，于是巧施一计，拿出自己的一封信件，替换掉了原来的那一封。女王看到了他的小伎俩，但却无法当场揭穿他，因为房间里还有另外一位客人。

我们可以想象到，杜邦立即发现了其中的端倪。然而警察局长继续说了下去：那位部长现在已经掌握了对女王有威胁的信息，几个月以来，他利用这个信息疯狂地为自己牟取政治利益。女王走投无路之下，要求警方提供帮助，取回那封信，且务必谨慎行事，保守机密。

警察局长认为那封信一定藏在部长的家中某处，然而，他们搜索了所有能想到的地方，仍然没有找到。他向杜邦描述了警方搜索行动的细节：除了对部长本人进行了两次搜查之外，他们还对整栋大楼，以及两边的楼，还有这三栋楼外围的地面进行了地毯式搜索。他们翻开了靠垫、床垫，扒开了地板、墙纸，检查了桌子、椅子腿的缝隙，掀开了每一本书的封面和内页，找遍了院子里的细小砖缝，怎么也找不到那封信的下落。

案件毫无头绪，女王越来越心烦意乱。局长束手无策，情急之下，他违背了要保密的承诺，把杜邦带入这个案件中。杜邦在要求局长描述了这封信的细节之后，只给局长提供了一个建议：再一次搜索部长的家。局长语无伦次地说这样做毫无意义，在绝望之下离开了。

一个月很快就过去了，局长再次来找杜邦和他的朋友，汇报说最近已经完成了再次搜索，和之前的努力一样，一无所获。他快被逼疯了，以至于说宁愿付出 5 万法郎，赏给那个能把这封该死的信找回来的家伙。

看到这个情况，杜邦说："那你填张支票吧，我知道这封信的下落。"

　　杜邦脸上很平静，又带着一丝难以觉察的自豪感。他告诉了那位很惊讶的朋友是如何完成这项任务的。

　　杜邦解释道，了解这位部长的关键在于，他既是一位诗人，又是一位数学家，其将截然不同的两个方面合为一体：科学和艺术。这意味着，他的做事方式是从双重视角出发的，那些只用单一视角看世界的人无法猜到他的意图。这也解释了为什么警察翻遍了他的公寓，仍然找不到那封信。反观杜邦，他可以轻易解开这个谜题，正是因为他身上也拥有这种两面性。

　　那么，那封信究竟藏在哪里呢？为了解开悬念，杜邦比较了两种熟悉的搜寻方式：其一是在街上寻找一家具体的店面。其二是在地图上寻找一个特定的点。在这两种情形下，大多数人将彻底忽视最大的标志或最大的图案，因为它们"太过于明显"。如此一来，警察在寻找这封信时，会冲着他们认为最明显的藏身之处去。然而杜邦知道，部长其实把它藏在了最不明显的地方：他把信摆在了明面上！杜邦认为，这位部长想出了一个大胆的主意，将这封信放在了"全世界人的眼皮子底下"。这里恰恰是杜邦最终发现它的地方。

　　为了验证他的猜想，找回那封信，杜邦精心策划了一出戏。他首先去部长的家里拜访，戴着暗黑色的墨镜，以便隐藏自己眼神中的活动。当他们聊天时，杜邦扫视了整个房间，最终在一个平平无奇的卡片架上发现了一封信，根据掌握的线索，他确认这就是那封信。杜邦把这封信表面上有用的细节仔细记在心中。起身离开时，他故意留下一个烟斗，制造了第二天再次造访的理由。

在第二次拜访期间，他们的谈话被外面街上的冲突声打断了（原来这是杜邦故意安排的）。趁着部长的注意力被分散，杜邦悄悄偷走了那封会牵涉女王隐私的信，并将前一天准备好的副本留在了原处，这个副本表面看上去就是前一封信的复制品，内容是关于一则没有任何伤害性的文学典故。

整个故事以这则典故结束了，爱伦·坡虽然没有直接说出来，但很清楚地指出了"窃贼"的身份。于是我们可以想象到，当部长打开那封信，意识到自己被要了时的表情，就像当初他要了女王一样，杜邦一定也会收获同样的快乐。

这真是一个精彩绝伦的故事，阅读本身就十分有趣，但作为我们从侦探故事中寻找投资原则的材料，它在这方面的意义更为重大。

在这里，我们再次看到杜邦善于运用他天生的怀疑主义，发挥出了自己的优势。当他听到警察局长说他的手下已经找遍了一切地方却一无所获时，杜邦也可以像他们一样简单下一个结论：再也没有什么地方可寻找的了。但是，他没有这么做。他明白，这封信如果有被偷窃的价值，对勒索有用，那个人会把它一直放在手边不远处。因此，虽然杜邦是通过高超的逻辑演绎解开了前面两个谜题，但在这起案件中，他实际上是利用了自己对人性的洞察，找回了那封失窃的信。他知道人们有一种心理倾向，倾向于忽略最明显的那个东西。

杜邦的思维习惯

埃德加·爱伦·坡用英文写过一些令人回味无穷的短篇小说。今天我们从这些故事中，欣赏他那精湛的技艺、巧妙的构思和庄重优雅的文字表达，好吧，也可以纯粹为了被吓得魂飞魄散。所有这些本身是极具价值的，但对投资者来说，爱伦·坡还提供了额外的好处，那就是，我们可以从中学习杜邦的思维习惯。

● 当你仔细阅读财经媒体上的季度报告或者文章时，你能想象自己站在杜邦的立场上吗？他读着许多报刊上有关玛丽·罗热的故事，寻找其中的错误、自相矛盾的地方，以及不符合实际的假设。

● 当你听到一位华尔街分析师或某家公司的 CEO，在电视上谈论他们拥有的股票时，你是否会用和杜邦一样冷静的怀疑精神去质疑他们的言论呢？就像杜邦在听到警察说莫格街公寓上的窗户是紧锁着的一样。这里会不会有一些东西，和它们表面呈现的有所不同？

● 如果你听到一个朋友说他自己买了一只股票,因为这只股票被媒体吹捧了一番。试着想一下杜邦,他每次都致力于寻找到所有的细节,遇到这种情况,他会说,这只是一种心理捷径,才拿到一丁点信息,就试图做出决定。

在现代世界里,与这种观察世界的方式最相似的可能是财经和投资领域的专业调查记者。为了做好这项工作,他们必须质疑一切,不做任何假设,一层又一层地挖掘,再三检查他们获取的所有信息,即使是(或者特别是)那些声称官方披露的信息。

正如我们在下一章将看到的,投资者需要从这些记者身上学习很多,不仅是他们写给我们看的报道,更包含了他们验证信息真伪的方法。在这一点上,他们和我们都可以在杜邦身上找到完美的解决方案。

第 3 章/*Chapter Three*
华尔街的杜邦

阳光集团"会计造假案"

1997 年的春天，华尔街的所有人似乎都爱上了阿尔·邓拉普。

不到一年前，这位自称为"周转天才"的人同意出任陷入财务泥潭中的阳光集团（Sunbeam Corporation）的董事长。他之前在斯科特纸业战绩辉煌，曾在 18 个月之内将该公司的股价提高了 225%，之后公司出售给了斯科特的竞争对手金佰利（Kimberly-Clark），此举让斯科特的所有股东赚得盆满钵满。携带着如此成功的耀眼光环，阿尔·邓拉普空降到了阳光集团。

这也难怪，邓拉普执掌阳光集团的那一天，股价应声大涨了 50%。

邓拉普的想法是复制之前成功的致富模式：动用一切必要的手段推升股价，然后卖掉公司，以高价行使自己的期权，落袋为安。

没过多久，相似的情景就在阳光集团上演，还是熟悉的邓拉普配方。几天之内，他开始提起在之前的六次重组过程中进行的大规模裁员，这个惯用的招数为他赢得了"电锯卡尔"的称号，并让他成为全美企业界都恨之入骨的人。1996 年 11 月，在接任董事长 4 个月之后，邓拉普正式宣布解雇 12 000 名阳光集团的员工，同时关闭旗下三分之二的工厂。"电锯卡尔"再显身手，名不虚传。

然而，看着阳光集团的股价上涨，华尔街却是一片欢欣鼓舞，分析师纷纷抛出"买入"的建议。一位分析师预测该公司 1997 年每股收益将达到 1.55 美元，1998 年则会攀升到 2.25 美元。其他分析师已经开始展望 1999 年该公司的每股收益将达到 3 美元。

但是，并不是所有人都被说服了，为数不多的观察员公开质疑这位擅长自我营销的大师能否兑现他的承诺。

邓拉普上任大约 1 个月之后，马修·谢夫林在《福布斯》杂志发表了一篇文章，质疑邓拉普"冷酷无情的成本削减"策略不一定会再次成功。谢夫林猜测，该公司 1997 年的收益源于对 1996 年的财报使用了会计花招，事后证明，这个洞察极富先见之明。

● 四天之后，托马斯·佩钦格在《华尔街日报》上撰文，提出了一个有趣的问题：邓拉普是一名领导者，还是一只虱子？

● 盖尔·德乔治在 11 月份的《商业周刊》上撰文指出，有人对邓拉普野心勃勃的声明和策略持怀疑态度。

● 12 月，安德鲁·奥斯特兰在《金融世界》撰文预测：邓拉普即将发现自己很难兑现销售大幅增长的承诺。

● 1997 年 1 月，朱尼厄斯·埃利斯在《金钱》杂志上做出了更简单直接的预测：邓拉普无法复制他在斯科特的成功，他提出的三年增长计划将会令人大失所望，不出一年，投资者就会开始厌恶这个人。（他差一点就全说对了，阳光集团的董事会解雇邓拉普，用了 18 个月，而不是 12 个月。）

● 三个月之后，赫伯·格林伯格在《财富》杂志上撰文，给邓拉普浮夸的承诺泼了一盆冷水。他指出了阳光集团的根本弱点，它所在的行业面临严峻的现实：竞争对手环伺，年增长率极低。

毫无疑问，以上这些只是我手头收集到的一部分报道，早期也有其他人对邓拉普的夸大其词持怀疑态度，他们以专业的精神和勤奋的工作态度跟踪阳光集团的故事进展。尽管无法精确衡量这些报道的作用，但我认为他们的共同努力汇聚在一起形成的强大观点被投资者理解和接受了。在所有记者中，没有人比《巴伦周刊》的乔纳森·莱恩对华尔街和阳光集团影响更大的了。

这件事情不简单

1997 年 6 月 16 日，《巴伦周刊》在各大报摊上架，封面是一幅"电锯卡尔"的漫画：他手持一把电锯，将一家阳光集团的工厂锯成两半。下面配了一个巨幅标题：《警惕卡尔》。此时距邓拉普空降阳光集团还不到一年，公司的股价已经涨了两倍之多。

报道内页的标题为《阳光集团的巅峰时刻》，配图是一张臭名昭著的照片：邓拉普双手握持自动化武器，鼓鼓的胸膛上系着两条弹药袋，构成一个巨大的"X"。这张照片原本是为他的自传作品《正经生意》拍摄的宣传照，最终却成为对他冷酷无情的管理风格的长久嘲讽。

然而，与其说莱恩的文章针对的是邓拉普的个人风格，不如说是关于后者那令人生疑的会计做法。

莱恩指出，阳光集团计提了一项高达 3.37 亿美元的重组费用，直接导致当年的亏损为 2.283 亿美元。费用包括将储备金从

1996 年转移到 1997 年（1997 年就可以将其确认为收入），预付掉广告费用，还有一项可疑的坏账计提（9 000 万美元的核销，未来可能会变成利润），以及对正在使用中的工厂、设备、商标的折旧计提。经过如此一番倒腾，下一年公司的财报数字就会很好看。

在莱恩看来，阳光集团似乎在穷尽一切方法，将 1997 年预计中的亏损转移到 1996 年的报表中，如此一来，邓拉普就可以声称，1996 年公司造成的亏损都是前一任管理层所为，同时他还将一切可能的利润转移到了 1997 年。阳光集团的首席财务官拉赛尔·克什坚决否认存在任何会计违规行为，并坚称邓拉普"强烈要求他们以正确的方式做事"，还指出阳光集团内部有审计监督机构，其职责就是确保每个季度的财报都是正确和合理的。

然而，莱恩担心的还不仅仅是他们对财务计提手法的滥用，他同样对邓拉普提出的大跃进式的三年销售增长计划表示怀疑：据称，到 1999 年，阳光集团的销售收入将翻一番，达到 20 亿美元，国际销售收入增加 2 倍，达到 6 亿美元，并提高运营毛利率到 20%。莱恩对小家电行业十分了解，他知道邓拉普承诺的销售预测根本不可能实现。

尽管阳光集团 1997 年第一季度的销量确实出现了强劲增长，但莱恩收集的证据却表明，该公司正在使用"压库存"的做

法——通过高压政策或大幅折扣让经销商进更多的货（使用
1996 年的冲销库存）。莱恩密切查看了阳光集团的财务报告之
后，还发现他们为了促进销量增长，打出了一套组合拳，比如
将 1996 年的货延迟到 1997 年交付，这样就可以计为 1997 年的
收入，此外还有运送超过客户实际下单量的货品，归为"已经
取消"的销量。

莱恩冷静地指出，所有这
一切都指向一个可以预见的结
果：尽管 1997 年第一季度的财
报是积极正面的，但很大程度
上是人工伪造出来的。时间一
旦到 1998 年，所有因为 1996
年调整费用带来的利好都将化
为乌有。届时，邓拉普唯一的
策略就是出售阳光集团，或者
找到一桩有厚利可图的收购生
意。莱恩认为，这两种前景实
现的可能性都不大。请记住，这是 1997 年 6 月写的，后来不断
发生的各种事件证明，这个戏剧性的故事才刚刚开场。

> 我要再重复一遍，大部
> 分的真相都源自那些看似次
> 要的细节，这是再明显不过
> 的了。正是根据这一原则的
> 精神，在当前的情况下，我
> 将把调查重点从事件本身发
> 生的痕迹和迄今已经发现的
> 结论，转移到它所处的周边
> 环境中。
>
> ——C. 奥古斯特·杜邦
> 《玛丽·罗热疑案》

那么，是哪些蛛丝马迹泄露了邓拉普的秘密？当那么多人
将他推上华尔街的宝座时，莱恩是如何看到下面摇摇欲坠的地

基的呢？我想他依靠的是常识和天然的怀疑精神。

莱恩在今天回忆道："我知道那时候大众都爱上了这个家伙，但我从一开始就持怀疑态度，因为事情没有表面看上去那么简单。"

他是如何知道邓拉普的计划不切实际的呢？这来自另外一个关键因素：依靠勤奋工作所积累的专业背景知识。正是由于莱恩多年对市场的了解，加上他对阳光集团所面临的行业竞争的认识，他很有信心认识到："这件事情不简单"。

侦破"会计造假案"

我们几乎可以想象这幕场景：杜邦正在一旁看着莱恩的表现，点头同意他的判断。你还记得吧，杜邦经常让自己处于和巴黎警察的观点相对立的那一方。在第一个案子中，他毫不犹豫地否定了警察的结论，即凶手从莫格街一所公寓紧锁着的房间中人间蒸发了。他对这种模棱两可的声明保持怀疑，坚守至高无上的常识，拒绝接受这种不可能发生的情况。他继续努力，解开了这个谜题，正是因为抱有这种怀疑心态。他开始思考的是，"既然凶手不可能从一个房门和窗户都紧锁着的房间中逃脱，那么，一定存在其他合理的解释"。

然后，像莱恩一样，杜邦利用自己的知识去求证疑点。他将在谋杀现场看到的一切和他所了解到的某种奇异动物的生理特点结合起来，构建出了一个既符合逻辑又有科学事实证明的犯罪结论。诚然，他的理论是反传统的，但代表了正确的那一方。

对投资来说，这里的核心经验可以简单总结为：不要认为任何事情都是理所当然的，无论它是出自警察局长，还是出自大公司的 CEO。事实上，这是本章的一个重要主题。如果某些事情对你来说解释不通，那么不管是谁说的，这都是你应该开始独立挖掘的暗示。从哪里挖掘，怎么挖掘，就是本章要讲的内容。

有那么一小段时间，邓拉普表面看上去并没有错。1998 年 1 月份，阳光集团公布了 1997 年创纪录的销售额和利润，邓拉普声称公司已经扭转局面，自己则是力挽狂澜、居功至伟。此时，很少有人意识到，这一创纪录的数字，是通过对 1996 年的财报做手脚而人为推高的。约翰·拜恩后来将自己在《商业周刊》上富有洞察力的文章扩充为一本观点犀利的书，详细记录了邓拉普在阳光集团的恶劣行径。他提醒人们，即使有一些华尔街人士那时已经对邓拉普的所作所为感到不安，他们仍然选择忽略这种心理反应，转而认为投资者可能是看不懂阳光集团的资产负债表。

阳光集团的股价继续上涨，邓拉普在华尔街风光无限。就在他宣称扭转乾坤后的两个月，他再次宣布，阳光集团在一天之内收购了三家公司：Coleman（露营设备制造商）、First Alert

（烟雾报警设备制造商）和 Signature Brands（小型电器制造商，包括 Mr. Coffee 咖啡机）。受此消息刺激，两天之后，阳光集团的股价达到 53 美元的历史新高。

时间很快来到 1998 年 3 月 4 日。不到一个月，邓拉普的宝座开始崩塌。

4 月份，阳光集团宣布，第一季度的经营数据表现将会低于市场预期。普惠公司（Paine Webber）的安德鲁·肖尔是少数公开质疑邓拉普的券商分析师之一，闻讯后立即下调了股票的评级，该公司股价一天暴跌了 25％。5 月份，邓拉普告诉公司的投资人不必惊慌，是他玩忽职守，开了一会儿小差，以后再也不会发生了。

莱恩以他标志性的风格和力度持续跟踪事态发展。邓拉普那份有关扭转局面成功的声明，更加重了莱恩的怀疑，他埋首于阳光集团的财务报表堆中，力图挖掘出真相。

1998 年 6 月 8 日，经过缜密的研究调查，莱恩在《巴伦周刊》上发表了一篇关于邓拉普的后续报道，标题叫作《危险游戏》，他在副标题中提出了自己一直以来的疑问，并做了简洁有力的自问自答："'电锯卡尔'是否伪造了阳光集团去年的利润？确切无疑！"

在他的文章中，莱恩重申了他早期对于阳光集团的会计手法和邓拉普过于激进的销售预测的担忧。他逐一拿出证据，证明了他在 6 月份的文章中提出的观点，已经在 1997 年底演变成事实。逐一来说，1997 年销售额的 1/3 来自 1996 年计提的损失。阳光集团将本应于 1997 年发生的费用，提前到 1996 年支付，贡献了大约 1 500 万美元，其他 1997 年应有的费用看似也已经转移到未来年份。尽管 1997 年广告花销更大，但他们反而节省了 1 500 万美元的广告费，将其变成了收入。在 1996 年，他们还将坏账准备金人为做高，意味着这些准备金 1997 年会变低，增加了大约 1 000 万美元，此外还有其他的小手脚等。

莱恩还发现了新的问题，其中一个是对"应收票据"的大范围滥用。它是这么操作的：客户远远早于他们的实际需要，就同意购买一定数量的产品（在这个

> 必要的知识源自你观察的是什么。
>
> ——C. 奥古斯特·杜邦
> 《莫格街谋杀案》

案例中是大量购买，因为阳光集团的销售人员背负着做高销售目标的重压），他们可能要到 6 个月之后才会真正付款。在此期间，这些产品被存储在第三方仓库中，但销售额已经计入当季的报表。

根据公认会计准则（generally accepted accounting principles，GAAP），应收票据是一种合法的会计做法，但只有在满足精确的条件下才能使用。几乎在所有的案例中，阳光集团都违反了这些标准。阳光集团早先吹嘘的"每个季度的会计数字都是正确和适当的"，显然是一派胡言，漏洞百出。

莱恩估计，1997 年虚增的利润总计就达到了 1.2 亿美元。

然而，该公司公布的 1997 年净利润为 1.094 亿美元。那么，莱恩问道，1997 年阳光集团真的从运营中获利了吗？

此外，那三笔新收购会有帮助吗？莱恩在这个问题上有两个观点。其一，他认为收购这些新公司或许有助于平滑报表，仅仅是因为它们代表着新的重组费用的机会，可以继续之前的财务游戏。其二，它们意味着新的债务负担：20 亿美元。

总揽全局之后，莱恩直言不讳地下了结论："邓拉普执掌阳光集团的日子进入倒计时了。"

莱恩的文章刚刚摆上报摊，邓拉普和他的核心智囊团看到之后就怒不可遏。短短数小时后，他们发表了一份声明，坚决否认文中所有的叙述。阳光集团在新闻稿中厉声回应："绝不可能人为操纵 1997 年的利润。"他们还用了另外的三个"绝不可能"，坚称阳光集团的财报披露符合公认会计准则。

5 天之后，即 1998 年 6 月 13 日，阳光集团董事会解雇了邓拉普。

6 月初，公司的股价跌落至 25 美元附近，相比 3 个月前的最高点跌去了五成；7 月份，跌幅扩大至八成，股价比两年前邓拉普执掌集团之前还要低。

邓拉普被突然解雇两周之后，阳光集团宣布将聘请一家新的会计公司审计 1997 年以来的财报，在此期间，原来的财报应该被视为不可靠。

一个月之后，即 8 月份，公司宣布它被要求重新编写 1997 年的财报，可能还有 1996 年和 1998 年第一季度的财报。

2001 年 2 月，阳光集团根据《破产法》第 11 章，申请破产保护。

2001 年 5 月 15 日，美国证券交易委员会（SEC）对邓拉普和四名阳光集团的高管以及他们聘请的会计公司安达信（Arthur Andersen）提起诉讼，指控他们存在欺诈行为。SEC 发现，这些管理层和审计人员合伙实施了一项欺诈计划，成功制造了阳光集团重组成功的假象，借此将股价推高，以便为出售公司提供便利。

"实施欺诈，制造重组成功的假象"，这个表述和莱恩 3 年前做出的推论如出一辙。

莱恩自 1968 年以来一直服务于道琼斯公司（Dow Jones & Company），该公司是《华尔街日报》和《巴伦周刊》的出版商。你可以说他是在老式学校成长起来的记者。早在互联网和个人台式电脑出现之前，莱恩就在磨炼他的报道手法，重点报道芝加哥的警察斗殴事件。他的经验是，要走进整个故事，获得其他记者可能忽视的真相，就意味着要比他们挖掘更深入，尽可能采访更多的人。

这段经历让莱恩受益良多。今天，他是华尔街最受尊敬的调查记者之一。有关阳光集团的报道代表了他的风格：阅读更多的背景资料，解析更多的财报，与更多的人交谈，收集其他人可能忽视的内容，不遗余力地将它们拼在一起，找到真相。

事实上，对于希望投身新闻业的学生来说，莱恩或许是一个完美的学习榜样。

探明真相的激情

坦普尔大学的新闻、公共关系和广告专业是宾夕法尼亚州仅有的两个获得官方认证的新闻专业之一。在那里，许多心怀新闻理想的年轻记者最终都被华盛顿教授的魅力迷住了。

华盛顿教授是坦普尔大学最有价值的资产之一。他不仅是一位才华横溢的教师，还是经验丰富的调查记者，其将25年来调查报道的经验带回到课堂上进行教学。多年以来，他一直是《费城每日新闻》的都市记者，以对该市房地产项目中腐败现象的犀利报道而名声在外。后来，他还被授予罗伯特·肯尼迪奖。因此，由他来教授院系的调查新闻课程再合适不过了。

多年以来，华盛顿教授将调查报道的常识传授给学生，孜孜不倦，育人无数，并目睹他们中的许多人毕业后踏上了新闻业的美好前程。我很好奇，华盛顿教授是否发明了一种方法，用来观察哪些优秀的学生将会脱颖而出，未来成为真正走向成功的记者，而不仅仅是对记者这个身份感兴趣。

　　华盛顿教授回应道："学期一开始，我就用自己的眼光来挑选，哪些学生会是好苗子，哪些只是来走个过场。那些未来能成功的记者都具备两项才能：其一，他们本有的；其二，我能教授的。"第二项是对调查过程和技巧的掌握，是可以学习的部分，第一项则是与生俱来的性格特质。

　　华盛顿教授继续说："新闻调查不是朝九晚五的工作，优秀的调查记者都是极其努力、忘我工作的人，他们就像掘金者，一旦开始挖掘，就不会轻易停止。他们通常对进行中的故事充满了工作的激情，正是这种激情点亮了坚韧不拔、探明真相的道路。这种内在品质，你无法教给他们，有则有，无则无。"

　　那么，他们的激情从何而来呢？我很好奇到底是什么在驱动一名调查记者忘我工作，挖掘不止。华盛顿教授说："我想大多数记者都有相当高的道

> 探明真相是我唯一的终极目标。
> ——C. 奥古斯特·杜邦
> 《莫格街谋杀案》

德水平，他们痛恨腐败，相信调查报道是自己要履行的神圣职责，且心中有真正的社会理想。优秀的调查记者都有匡扶正义、为民请命的侠义情怀，他们相信《宪法第一修正案》(First Amendment) 赋予了自己真正的使命。"华盛顿教授补充道："有激情当然是好事，然而激情和客观公正之间需要保持平衡，失控的激情会扭曲整个调查。"记者必须既精确又中道（每个故事

往往都有两面性），并将客观公正放在首位。优秀的调查记者在展开调查时，总是要抛掉先入为主的观点，摆脱偏见的控制。

本章还有一条潜在的线索是这样的：我们在像莱恩这样的顶尖调查记者身上看到的基本思维模式，和杜邦这样的伟大侦探是一样的，投资者可以从他们两位身上受益良多。他们拥有铁肩担道义的担当，以及深沉强烈的好奇心，满腔激情，前行不止，努力工作，乐在其中，直至揭开真相。他们保持开放的心态，敢于抛开先入之见，拥有刨根问底、质疑官方声明的精神，不把任何事情视为理所当然。

我并非建议投资者都跑去报名新闻学院，只是认为经过新闻记者深思熟虑研究出来的一些技巧，对做投资十分有用。关于这些方法的基础教材，我推荐一本再好不过的指南：《记者手册》，这本书由史蒂夫·温伯格撰写，在调查记者和编辑公司的赞助下出版。

这本书是许多优秀记者的必备宝典，涵盖了应有尽有的丰富内容，能帮助他们提高辨别信息的能力，挖掘、分析从各种源头获得的纷繁多样的信息，包括私人交流和公开渠道等。从这点上看，对投资者来说，也许它会显得过于专业化，用处不大。但是，你再转念一想，假如你正在考虑投资布局医疗保健行业的某一领域，完全可以在"医疗保健行业调查"这一章中找到你所需要的背景信息，其中分别介绍了医院、医疗保健组织（HMOs），制药公司、药店、实验室、疗养院等，并为你指明了每个方面的具体信息渠道。假如你接下来想投资一家医疗器械制造相关的公司，在这个简洁紧凑的条目中，手册就会给你行业监管组织的名称和它的两种出版物，以及两个可以为你答疑的行业组织。听到这个消息，你是否会很开心？

收集信息的三个同心圆

如果你认为作为投资者，采用记者的调查方法可能是有用的，那么我建议你从一开始就阅读这本手册。在这本书前面的部分，"调查基础：如何去调查一个人或一件事"中，温伯格汇总了一份很有价值的内容，有关记者如何收集信息，以及他们在工作中行之有效的思维框架。

手册中解释说，收集信息涉及两大类：人和文档。换句话说，纸上的痕迹和人的痕迹。温伯格请读者想象一下有三个同心圆：最外面的是"间接来源"，中间的是"直接来源"，两者的形式都是文档。最里面的一圈是"相关人"，由一群掌握小道消息的个人组成，他们可以为记者的画作添上新的图景。

在理想情况下，记者从外圈向内圈工作，从间接信息源开始调查。从这些资料中，记者对正在调查的事情有了基本的了解，同时找到了通往直接来源的路。

在这两个层面的调查中，最优秀的记者依赖的是被称作"心智文档"的心理状态。这种看待世界的方式，是由《费城资讯》调查团队的詹姆斯·斯蒂尔和唐纳德·巴利特阐述的。这意味着，记者从第一天就在心中相信，那份优秀的文档记录已经存在了，只等着被人发现。

一旦从直接和间接的资料中收集了足够丰富的背景信息，记者的重点就会转向相关人——调查和这个故事有关的人物。通常来说，他们可以被归为三类人：当事人、前当事人和"专家"。当事人和前当事人是和调查事件本身相关的人，或者过去参与其中的人，他们的视角可能会不同。"专家"的作用不言自明：对故事背景有特殊了解的局外人。

当记者踏上调查之路时，还需要记住手册中的另一个重要概念："时间出真知"。不管是记者追踪报道，还是投资者研究公司，抑或是侦探在犯罪现场取证，得出一个完整的研究成果都需要时间。一个人发现真相的程度，和他在调查中投入的时间成正比，在通往真理的路上根本没有捷径可走，记者、投资者和侦探都必须牢记心中。

《记者手册》还敦促记者摆脱传统经验的限制。要记住，他们在调查中所学到的任何东西，都可能是充满偏见的、肤浅的，消息提供方是自私的，或者完全错误的。这是"质疑传统经验，凡事不要想当然"的另一种说法。不拘泥于传统经验，发现硬币另一面的内容，既是记者的责任，也是投资者的责任。

上面讨论的三个概念——"心智文档""时间出真知""质疑传统经验，凡事不要想当然"——可能就是记者工作的三条主要原则，但我认为它们也应该是投资者的格言。

心智文档

为了验证"心智文档"的重要性，让我们先来看看杜邦——爱伦·坡笔下的这位奇特神探。

当他决定调查莫格街谋杀案时，第一个行动计划就是从报纸上收集有关这桩丑恶的犯罪行为的所有文章，以及后续的系列追踪报道。我们可以想象到，他把自己一个人关在房间里，打开一盏灯，埋首于散乱的报纸堆中安静阅读，厚厚的窗帘隔绝了外面的一切纷扰。

他连续工作了好几天，一丝不苟地检查每一份文件，在尝试各种场景的同时重新整理这些线索。直到这时，他才愿意对所发生的事情做出解释。

> 他默默地进行了大量的观察和推论，当然，他的同伴也会这么做。只是，他们获取信息的广度不同，真相与其说是来自有效的推断，不如说来自观察的质量。
>
> ——C. 奥古斯特·杜邦
> 《莫格街谋杀案》

我似乎听到你有不同的想法？好像在说杜邦要应对的只有报纸文章，而现代投资者必须从大量的二手信息源中开始研究，比如报纸、杂志、广播、电视评论，以及几乎无穷无尽的互联网内容。你是对的，时移世改，这的确是 19 世纪和 21 世纪的不同。身处当今这个时代，你必须学会应对纷繁复杂的信息，找出相关性，分清主次。第 5 章提供了如何梳理信息的方法。

杜邦把注意力集中到了间接信息上，用现代的话说就是，从外圈向内圈工作。当然，他也是别无选择，在那个年代，公众只能从报纸上阅读到警方提供的调查文件。但是，正如杜邦所说，真相往往就是从边缘处被发现的。

当莱恩开始调查阳光集团的时候，他采取了同样的方式，从外圈向内圈推进。他的第一步是收集所有能弄到手的间接信息，最后获得一大堆材料：数百篇报纸的报道和杂志文章，还有邓拉普的自传。可以说：他阅读了一切。

接下来，莱恩从容不迫地对主要文件进行了调查，主要是公司向 SEC 提交的年度财务报告（10 - K）和季度财务报告（10 - Q），并很快在 1997 年的年报中发现了令人大跌眼镜的内容。尽管当年的报表展示了 1.094 亿美元的利润，但该公司的经营现金流仅有 820 万美元。当莱恩把 1997 年的年报和 1998 年第一季度的报表进行比较时，有趣的事情开始浮现。那时他就意识到，管理层做了大规模的会计变动，将 1996 年的利润转移到了 1997 年，而把 1997 年的费用挪到了 1996 年。

只有当他收集和仔细评估了间接和直接信息之后，莱恩才将注意力转向调查的最后一环：访谈和事件相关的人。他从公司的"前任们"开始调查，因为邓拉普解雇了半数公司的员工，有许多人还可以联系上，集团五位高管中的三位也已经离开了公司。

> 我们将放弃这桩人间惨剧的内在部分，转而将注意力集中到它的外围。我的经验表明，大部分真理，或许可以说绝大部分，来自挖掘那些看上去毫不相干的细节。
>
> ——C. 奥古斯特·杜邦
> 《玛丽·罗热疑案》

莱恩还和行业专家进行了交谈，他追踪了家电产业链上的相关人：零售商、代理商，以及为家电厂商服务的广告商、市场人员。通过收集这些信息，他充分了解了行业现状。小家电的制造技术并不复杂，竞争对手随时会出现。这是个很难挣钱的红海行业，竞争激烈，毛利率低，年销售增长率微乎其微，通常还不到 1%。事实上，莱恩做调查的这个年份，美国的小家电市场整体是下行的，从 1994 年的 1.66 亿美元降到 1996 年的 1.64 亿美元。在欧洲，美国公司和赛博集团、飞利浦展开了激烈竞争，但都落败。莱恩在掌握了这些情况后，就洞察了真相：邓拉普立下的激进的销售目标完全不切实际。

对于信息拼图的最后一块，莱恩谈到了现任管理层，包括阳光集团的高管和邓拉普本人。他最后发表的文章，将所有这些因素融合在一起，对这家陷入困境的公司和充满争议的 CEO，进行了公道客观的审视。

让我们设想你是一名投资者，你不想再依赖你的券商分析师提供的模棱两可的建议，而是希望自己独立进行研究。你从哪里开始入手呢？首先，请记住你已经有了两个很好的榜样——奥古斯特·杜邦和乔纳森·莱恩，还有一本很棒的指南——《记者手册》。

从你能收集到的所有背景信息开始，按三个同心圆工作：间接信息、直接信息、相关人。

也许我们应该为这个定义做个简短的总结。"直接信息"是指来自你所调查方向的直接材料。如果你想更多地了解一家公司，可以查看公司官方披露的文件：年度报告、产品手册、会议记录等。如果你想更多地了解公司中的人物，比如首席执行官，直接材料就包括他写的文章、做的演讲、媒体见面会上的发言。如果你想更多地了解一个行业，直接信息主要来自该行业用于传播的资料，其可能由行业的官方组织发布。

间接信息包括其他人对公司、个人或行业的评价。简单来说，我们的媒体相当多元化，所以相比直接信息，你能获取的二手信息通常要丰富得多。一家公司只会披露一份官方文件，然而有关它的正、反方面的解读可能会被许多纸媒记者、广播记者和电视评论员轮番报道。

　　需要注意的是，间接信息并不代表价值含量低。当你考虑买入阳光集团的股票时，如果正好看到乔纳森·莱恩写的系列文章，你就可能会把它们归为间接信息，事实上它们蕴含的价值毫不逊色。

　　间接信息和直接信息的来源是很丰富的（请参考附录"怎样收集信息"）。要找到事件的当事人则需要一些聪明才智，但你有机会做到。围绕头脑中正在思考的问题，想想哪些有用的人脉你能联系上。你认识曾经为这家公司服务，或正在供职的人吗？你有认识的人，可以联系上这家公司，或者其竞争对手公司，甚至某家和它相关的销售、维修、广告、保险或产品管理公司的员工吗？不管是私下社交，还是专业请教，都可以。你可能会发现，求职时发布信息所使用的技巧就很管用，用同样的方式广撒网，或者说，玩一个"六度分割理论"*的个人游戏。

　　从外圈向内圈工作，并保持你对常识的敏锐度，了解已经存在的各类信息的性质，并决定收集哪一些。也许你无法采访到想要投资的公司的 CEO，但你必须阅读访谈他的人所写的文章。

　　一旦你积累和研究了大量的背景资料，公司的故事就徐徐展开了。当你埋首开始研究时，应该寻找什么资料呢？

---

　　* 六度分割理论，你和任何一个陌生人之间所间隔的人不会超过六个。——译者注

首先，关注资料中不一致的地方。一组文档中的信息，是否和另一组显示的不一致？不一致就代表有两种不同的观点。其中只有一种是对的，那会是哪一种呢？

其次，要寻找那些隐藏在文档中的深层信息，即信息还没有反映在表面的文件中，比如公司年报中。深藏在表层之下的信息尚未被人们达成共识，也就还没有影响到市场上的股价。

举例来说，美国证券交易委员会要求公司每个季度和年底都要分别提交 10 - Q 和 10 - K 报告。相比公司为股东提供的季度和年度报告，这两种文件的内容更为详尽。当你把它们结合起来查看，你可能会发现概要是一样的，但具体条目的内容可能不同，也许 10 - Q 文件把收入类别的明细拆分开了，季度报告则合并在了一起。了解了这些细节后，你可能会对收入产生不同的看法。举个例子，10 - K 文件中的一个脚注可能解释了在年度报告中被人为掩饰的细节。

我并非暗示每一份文档都存在故意伪装，或者偶然出错。只是在复杂的财务报表中，真相往往就藏在细节之中。正如杜邦所言，有时真相就藏在边缘地带，小心行事的投资者应对此保持警惕。

请回忆一下，在阳光集团的全盛时期，华尔街的许多人士一点也不担心他们藏在年报中、使用小号字体标出的爆雷信息，因为他们相当确定投资者无法理解它。他们也许是对的。但你可不要允许这么重要的信息从眼皮底下悄悄溜走。

当你培养出了一种"心智文档"的思维，并花费时间对你收集来的信息进行彻底的调查后，最终你就会形成准确而全面的认知。一旦你有了正确认知，你就能把握住更好的机遇，预测未来可能发生的事件。

时间出真知。对于记者、投资者和侦探来说，这句简单的格言意味着同样的事情：你在探究的问题上投入的时间越多，得到的答案就越可能精确和完整，调查从来没有捷径可走。

再回顾一下杜邦的经历，他当时正在调查莫格街的悬案。当警方允许他进入那所公寓后，他极其仔细地检查了整座建筑，没有放过凶案发生地的每一寸地方，以及旁边的楼房、大楼的外围。他的同伴，那个故事的叙述者告诉我们，杜邦和他在房子里整整待了一天。

调查中的一个小细节将说明这一点：警察在搜查公寓时，看到卧室里有两扇窗户，但只检查了其中一扇、他们看到第一扇窗户钉上了钉子，就以为另一扇也是如此，因为它们看起来一模一样。

杜邦并没有做出这个假设，他工作时一丝不苟，检查了窗户、窗台和框架的每一处，终于发现了答案。

莱恩有关阳光集团的报道，向我们展示了优秀记者是如何处理复杂的局面的：他们收集所有的间接资料和直接资料，说服很多相关人员接受访谈；在获得应该拥有的一切信息之前，决不轻言放弃，直到满意为止。还记得坦普尔大学的华盛顿教授谈到最顶尖的记者苗子时所说过的话吗："他们通常对进行中的故事充满了工作的激情，正是这种激情点亮了坚韧不拔、探明真相的道路。"

当然了，不管是现实生活中还是虚拟小说中的侦探，他们都在做同样的事情。当我们听到"辛勤的侦探"这一描述时，一定相当熟悉，并会心一笑，那是指他们不辞辛劳，追查一切的工作精神。然而，同时我们也应当知道，最终正是这样的人，把罪犯从茫茫人海中找出来。

我曾经问莱恩，为什么他觉得华尔街在阳光集团的问题上有疏漏。他的答案很简短：时间。接着，他解释道："大多数华尔街分析师太忙了，他们手头有很多公司要跟踪，无法在每家公司身上倾注心力，把事情做好，所以往往会轻信管理层的说辞。他们选择了阻力最小的路，成为像邓拉普这种家伙的代言人。在华尔街，原创的调查研究很难找到。"

> 他们所获得的结果往往令人十分惊讶，然而，在很大程度上，这只是由很单纯的勤奋工作带来的。
>
> ——C. 奥古斯特·杜邦
> 《莫格街谋杀案》

莱恩还指出了时间问题的另一个方面：华尔街分析师的激励体系。"分析师忙于销售产品，他们实际上是营销人员，要么忙于招揽投资银行的交易，要么试图向机构投资者兜售自己的研究想法，而机构投资者为他们的研究支付大笔佣金。"如此一来，他们哪里还有时间从事真正的研究工作？

对于投资者，尤其是那些过去依赖券商分析师提供的研究的投资者来说，答案是什么？他们必须学会自己做研究。是的，这需要时间。但对于投资者来说，时间等于真相，这一点与记者和侦探一样重要。

踏上少有人走的路

20 世纪 90 年代末，那时的邓拉普正像一个超人，带领着阳光集团在高空中展翅翱翔。华尔街人士发现只看公司披露的新闻稿，既轻松又愉快，他们不想看得更远，这就是莱恩总结的"阻力最小的路"。券商分析师和金融记者本应了解更多的情况，然而却选择不作为，无论公司发布了什么、邓拉普说了些什么，他们都照单全收，并不断重复那些肤浅的内容。正如我们所看到的，莱恩是愿意花时间研究的少数人之一，他思考的是那些浮于表面的传统观点是否明智乃至准确。

传统的观点往往是一个危险的陷阱，对抗它的有效方法是保持一种健康的怀疑精神，提醒自己遇事不要想当然。

为了理解怀疑精神的价值，让我们请杜邦来做启蒙老师。想一想，当他被警察告知，莫格街谋杀案无法侦破时，他的反应是什么；或者，当警察告诉他，关于杀手是如何从反锁的房间中逃脱的，他们百思不得其解时，他的想法。再者，当警察认为旁观者听到的尖利的叫声是一种无法识别的外语时，杜邦会怎么想。所有的这些想当然，表面看上去在一定程度上符合逻辑，然而它们都成功引领警察偏离了真相，而不是更接近。

也许最能说明杜邦怀疑精神的例子，当然也是最著名的例子，就是他面对那封神秘被盗信件的反应。警察认为小偷一定把它藏得很严密，要么带在身上，要么藏在家中的某个地方。这反映了他们对人性的认知：当你想把有价值的东西藏起来时，一定会把它藏在自认为最隐秘的地方。窃贼越聪明，藏东西的时候就越狡诈，越难以捉摸。

警察看待这个问题时流于表面，于是他们把部长家中的每一寸地方都翻了一遍。然而杜邦却有不同的看法，他知道这种类型的窃贼行事不合常理。基于这个信念，杜邦发现窃贼把这封信藏在了一个最聪明的地方——一个显而易见的地方。

我们学习到的经验是：当警察告知杜邦，这封信被藏在一个非常隐蔽的地方时，杜邦接受这个观点本应很自然。这是一个合乎逻辑的解释，也是官方的观点。然而杜邦具有天生的怀疑精神，他拒绝接受这种表面的合理性和官方披露的权威性。不妨想一下，如果他面对邓拉普，他会说些什么呢？

投资者特别容易受到传统观点的影响，因为这是一条容易走的路，拒绝它意味着你要踏上艰难的征途。传统观点也是危险的，因为它有迷惑性，从表面上看是正确的。举例来说，我们可以说，一只股票的当前价格反映的是全体市场参与者的传统观点。即在任意一个时间点，股价体现的是他们的加权平均意见。如果一家公司拥有 10 亿股上市的股票，股价为 25 美元/股，以市场的观点（传统观点）来看，这家公司的价值是 250 亿美元，然而，事实真的如此吗？

如果你欣然拥抱了优秀调查记者的怀疑精神，那么也许你就会重新审视这家公司，并开始质疑传统观点。这家公司是如何被估值为 250 亿美元的？就此市值而言，体现它的真实

> 经过了长期的分析，让我们摘下仅有的几个确定的果实吧。
>
> ——C. 奥古斯特·杜邦
> 《莫格街谋杀案》

价值了吗？为什么另一家公司和它在许多方面相仿，定价却不同？诸如此类的问题将驱动你去追踪其他信息源，与一些持不同观点的人交谈。你或许最终会得出另一个结论——一个对你十分有利的结论。

向优秀记者学习做投资

优秀的投资者、记者和侦探都有一样的思维模式。因此，当我们发现现代推理小说家把记者塑造成主角时，不应该感到

惊讶。20世纪40年代的作家乔治·哈蒙·考克斯在小说中描述了《环球报》的"闪电枪"凯西和《信使报》的肯特·默多克的故事。这两个角色都是报社摄影师，他们采用报刊记者的方式处理罪案。

最近，芭芭拉·达马托创作了芝加哥的调查记者卡特·玛萨拉这个角色。迈克·卢皮卡，一位知名的体育记者，业余写了几部精彩的推理故事，由记者彼得·芬利担当主角。曾两次获得著名的埃德加·爱伦·坡最佳小说奖的格雷戈里·麦克唐纳，创作了九部小说，以弗莱契为主角，他是一位调查记者和半业余侦探。2000年，埃德加·爱伦·坡最佳小说奖颁给了简·伯克的《骨惑》，该小说讲述了她的记者主人公艾琳·凯利的故事。

格里·博伊尔是一位住在缅因州郊区的报社记者，他向我们讲述了杰克·麦克莫罗的故事。麦克莫罗是《纽约时报》一位筋疲力尽的记者，他现在为缅因州郊区的一家小型周报撰稿，作品反映了作者忙碌不堪的生活。《迈阿密先驱报》的卡尔·海森写下了非常受欢迎的推理小说（至今已有十部），他把政治腐败、环境野蛮化等严肃的社会主题包装进骇人听闻的黑色幽默中。他的第一部作品《旅游季节》，讲述了一名私家侦探的故事：这名侦探曾经是一名记者，现在仍然像记者一样思考。

我个人最喜欢的人物之一是小说中的迈阿密记者布里特·蒙

特罗，其作者是埃德娜·布坎南，她本人是一家报社的长期记者，来到迈阿密度假后，疯狂地爱上了这座城市。埃德娜说，她为一家小报社工作了几年，接受了出色的新闻教育，在那里她什么活儿都干。随后，她在迈阿密的主要日报《迈阿密先驱报》很好地运用了这些技巧。在那里，她把警察追捕罪犯（许多记者尽力避免写这类内容）变成一种写作主题，对人性中的阴暗面和闪光面进行了强有力的、引人瞩目的报道。1986 年，她被授予新闻界无数记者梦寐以求的至高荣誉——普利策奖。18 年后，她放下了《迈阿密先驱报》的全职工作，专注于写推理小说，给我们带来了巨大的精神财富。

在《布里特·蒙特罗》一书中，埃德娜塑造了一个活力四射的角色。她（在迄今为止的七本书中）一遍又一遍地向我们展示调查记者是如何工作的。布里特专注、热情、足智多谋、坚强无畏，无论她是在追踪一个故事还是一名罪犯，她都不言放弃，直到使命完成的那一刻。

埃德娜说她没有布里特那么勇敢和坚强，但坦白说，我不相信她的话。有机会亲耳听到埃德娜工作中的探险经历后，我更欣赏布里特对待工作的那种神圣无畏的精神。综合来看，布里特就是埃德娜，埃德娜把她学到的新闻业的一切倾注到了小说的女主人公身上。

对于投资者和年轻记者来说，埃德娜对记者技艺的了解绝对值得学习。在这里，她提供了一些可以指导所有记者（包括布里特在内）的工作准则。我认为，这些条目和投资者应该遵循的工作方式出奇的一致，这简直不可思议。

1. 对所有关键人物进行全面的背景调查。今天的记者已经拥有了电脑的帮助，可以省去部分跑腿的工作，然而总的原则并没有改变：尽你所能，收集有关主要当事人的一切资料。首先，从他们家乡当地的报纸上寻找档案资料；其次，检查所有的公开记录，例如，财产记录、税单、证件、出生和死亡证明、犯罪记录等；最后，还有互联网上能检索到的所有内容。

对于投资者来说，我同样支持这么做，并稍做延伸：你应该寻找公司本身以及核心管理层的相关信息。例如，在报纸相关的调查中，你会查看来自 CEO 家乡报纸上的报道，同时还有来自公司总部或工厂所在城市的报道。然而，你应该寻找什么内容呢？

"当你调查一个人时，不管他是犯罪嫌疑人，还是公司的董事长，"埃德娜说，"首先判断他们是否是个好公民。你可以从他们如何对待自己的员工、女性、环境以及小动物来了解他们，这样你就知道在跟什么样的人打交道了。这个方法不仅适用于个人，同样也适用于公司。如果一家公司发生过多起性骚扰的投诉，或者是因在动物身上做实验或是违规倾倒废料被投诉，那么这就能说明很多问题。"

你可能已经意识到这是"心智文档"的另一个基本概念。因此，埃德娜的下一个建议略有不同。

2. 广撒网，多捕鱼。埃德娜说："和尽可能多的人交谈，因为你永远不知道最终会找到谁。公司老总、门卫、停车场管理员，他们知道的一些东西，可以把你引到重要的事情上。"当然，她指的是"当事人"，就是信息的最内圈。这是记者的日常任务。

作为一名投资者，你可能无法接触到每一个人，但如果你进行这样开创性的思考，你仍然会惊讶于自身的潜力。即使你收集的大部分信息都来自印刷品，而不是一对一的谈话，这项原则也一样适用：让你的视野像地平线一样开阔。

"同时要记住，"埃德娜继续说，"只要用心寻找，外面总是有更多的信息等待着你去发现，你的想象力会为你指路。"

3. 投入时间。所有记者都会面临截稿的压力，即使给的时间很宽松，最后一天也终将会来到。在这种持续压力之下，有些记者倾向于走捷径，比如直接复制、粘贴公司的新闻稿，而不是深入挖掘。但总是有一些另类的人，他们拥有华盛顿教授所说的那种内在激情，在追求真相的道路上一往无前，不走捷径，坚持到了最后。

这些记者本能地明白一个道理：时间出真知。正如埃德娜所说："他们总喜欢多提一个问题，多敲一次门，多打一个电话，多做几行笔记，哪怕觉得用不上，但这些加起来，就可能改变一切。"

将这个道理平移到投资者身上，只需要简单的一步：多读一篇文章，多研究一份财务报表，多找一个人交谈。如果这样做，你就可能学到一些东西，对正在做的投资有一个全新的认识。不要试图走捷径，那只是自我欺骗罢了，尽你的本分，完成全部工作。

4. 坚守常识。记者和其他领域的专家一样，同样需要坚守常识，也许比专家更需要。他们应该有觉察的能力，例如，什么时候事情变得不一致了，人们的行为开始互相矛盾，官方的承诺、声明文件和自己的亲眼所见对不上号。

尽管我敦促你进行投资研究时要思考周全、调查详尽，但同时我也知道，我们不应该在揭开整个故事时抛弃常识。不是每项投资决策都需要你去查阅每一篇杂志文章、每家公司有史以来的财务报告。我想提醒你的是，培养从不同角度看待信息源的习惯。这是我所知的对正在发生的事情进行全面、客观了解的最佳实践。

5. 不相信任何人的话，亲自求证。这是在职记者对杜邦的怀疑精神的诠释，也是《记者手册》中质疑传统观点的立场。事实上，埃德娜的语言直截了当："保持怀疑，始终体会语言之外的深意。"例如，她指出，"官方的新闻稿通常经由律师审查，以避免诉讼，所以它们会错过最精彩的部分"。企业发布的新闻稿则往往有失偏颇，甚至内容贫瘠到毫无价值。

真正的记者，就像真正的侦探一样，他们遵循的原则是："不把任何事情看作理所当然"，投资者也应如此。

这是投资者特别容易受影响的一点，特别是对于那些还没有实战经验的新手而言。人们在进入新领域时通常会感到恐惧，而投资更是有关口袋里的钱，只会增加心理上的不安感。他们通常会抓住先入为主的第一个观点，基于一条信息就做出决定，并紧抓不放，把它看作救命稻草，暗自庆幸自己找到了答案，殊不知，这只是由果推因罢了。作为投资者，你的经验越少，应该学习和研究的内容就越多，而不是更少。仅凭一篇文章，不足以做出投资决策，万一它的信息不准确呢？

即使有经验的投资者也可能落入同样的陷阱，因为这是一条成本最低的路。他们从券商分析师那里收到一段简短的话，解释某只股票发生了什么，然后就认为已经掌握了本应知道的一切。事实上，一句话无法概括整个故事，它仅仅是一个开端。

我并不是说这种一句话陈述就是不正确的，只是，你不应该就此止步。这只股票背后的故事和成因，埋藏在更深的地方，需要你投入更多的时间才能查明。首先，一段声明的发布意味着有事情发生了，聪明的投资者应当将其视为一个有用的信号，开始追寻这段话背后的故事。

6. 再三检查你收集的证据。大多数记者把核实信息的必要性视为神圣的职责所在，对他们来说，这种事就和呼吸一样自然，事实上理应如此。

如果投资者在思考时也这么想，他就掌握了很大的主动性，避免落入未来的麻烦。再三检查意味着你无法走捷径，必须投入足够的时间完成全面的研究；你需要检查的不只一处地方，而应尽力拥有多样的视角，这些视角将驱动你去获取丰富的优质信息。

当然，这项原则仍然无法保证你做出正确的决定。除了收集信息之外，你还需要的是独立思考的能力。但我可以向你保证另外一面：如果你手头没有全面的、优质的信息，那么你将永远无法得到一个好主意。

你觉得这就是你的工作吗？好吧，是的。相信我说的话，一旦开始练习，工作就会变得容易。与此同时，你或许会发现，做投资就像接了一项任务，类似记者接了采访任务，请接受埃德娜关于"笼中之鸟"的提法："我一直觉得，因为在《迈阿密先驱报》工作，我肩负着报道的使命，什么都无法阻止或妨碍我。这就像是'笼中之鸟'。截稿日期像雪崩一样向我袭来，没有什么能阻止它，所以我必须完成工作。"

为了你自己和你的家人，请做出正确的投资决定，这就是你的本分，把工作做正确。

从杜邦和他的当代同行，到像埃德娜·布坎南一样的记者、侦探作家，再到像莱恩一样的调查记者，我们学习到了一些对投资者来说很有价值的根本原则。

第一个是来自记者的格言，牢记"心智文档"的重要性。如果你根本不知道想要投资的公司正在发生什么，你就无法做出正确的投资决策。下注之前，唯一可走的路是花力气研究清楚，你需要的信息不会在你睡觉时自动来找你。

当然，研究也需要投入时间。对投资者来说，"时间出真知"这句话具有双重含义。首先，它意味着你必须投入时间，从广泛的信息源中收集信息。其次，一旦你要求自己必须看到不同来源的信息，你就自动切断了想走捷径的念头。

走捷径的表现是试图仅仅靠单一因素就做出决策，这或许是所有陷阱中最危险的。太多的投资者喜欢根据单一因素做决策，比如市盈率。他们这样做或许是出于习惯，或是懒惰，或是误以为这样可以节省时间，或许是认知的尴尬——单一因素是他们唯一能完全理解的概念，他们害怕调查其他的因素。然而，不管出于什么原因，这个习惯是以投资者的金钱作为代价的，必须要打破。

最后，随着研究的进行，你自然会产生不同的观点，让你对看在眼里的事情产生怀疑。你越学会识别矛盾之处、那些不一致的表达，就越会认识到，并非所有的信息同样有效。传统观念也可能是错误的。

还记得吗？在面对阳光集团的事件时，莱恩选择相信自己的直觉反应，尽管这样做是和众多记者以及华尔街分析师唱反调。但事实证明，他是对的，他们是错的，真理掌握在少数人的手中。

迄今为止，我们已经介绍了投资侦探的首要工作：收集信息，包括事情发生的成因、方式，可能引起的后续麻烦。如果你的工作干得很出色，你应该有丰富的信息可供吸收、消化，或者用侦探的行话来说，你采集了大量的证据等待研究。接下来就是把它们铺展开，着手分析，确定信息的相关性。为了评估信息的准确和重要程度，排除那些无关紧要的，设定好优先级，开始执行你的研究策略。这就是侦探的下一步工作，也是下面两章的主题。

第 4 章/*Chapter Four*

柯南·道尔和夏洛克·福尔摩斯

完美搭档

　　想象一下这幕场景，在 8 月份烈日炎炎的一天，19 世纪中期的某一个日子，两个男人正坐在他们位于欧洲的公寓里安静地看书。其中一位身材颀长、挺拔，全身散发出贵族的气息；另一位则矮小健壮，沉默少言，举止间少了一些优雅。

　　作为一名行事怪异的天才侦探，这位身材颀长的绅士在市警察局和公众的心中享有相当的声誉。凭借在犯罪现场一丝不苟的工作精神和近乎神奇的逻辑推理能力，他的美名广为人知，令所有人望尘莫及。通常，警察在遇上棘手的案件时，都会考虑找这个普通公民来帮忙，而他一旦出马，很少失手。他的同伴也加入了这些冒险当中。同伴渴望提供帮助，解开谜团，但经常被晾在一边，当他的朋友解释自己那令人眼花缭乱的推理时，他也和其他人一样惊奇不已。

时值8月的一天下午，这两个人正待在家里安静度日，他们早已习惯了彼此的沉默，陷入各自的沉思。随后，这位身材颀长的男人突然发话：

"你是对的，这种解决争端的办法，看起来确实荒唐可笑。"

他的同伴心不在焉地点了下头，表示同意，突然反应过来，从思绪中惊醒，盯着他的朋友问："我脑海中在想什么，你怎么全看到了？"

"这很简单，"另一位回答道："我只是在专注地观察你。"

接着，他从头叙述了自己的一连串观察：他的朋友扔下正在看的报纸，抬头看了两幅肖像画，先是沉思，继而有所伤感，接着，当想起战争给自己带来的心理创伤时，陷入了悲痛之中。他知道自己的朋友在军队中服役的过往，知道他面对画中两位军人的心情，也知道他心中排斥战争的强烈情感。这就不难推断出，朋友一定是在想，诉诸武力解决国际冲突是多么愚蠢的做法，浪费了宝贵的人生。

看过《莫格街谋杀案》的读者应该知道，神奇的杜邦侦探可以从一个人的举止和面部表情推断出对方在想什么。看到刚才这幕场景，你也许会猜测到，这预示着另一桩巴黎上流社会的案件即将拉开序幕。然而，这里是伦敦，不是巴黎。这位惊讶的朋友也不是杜邦的匿名同伴，而是另一位叙述者——忠心耿耿的华生医生。他对面的这个绝顶聪明而又行为古怪的侦探正是夏洛克·福尔摩斯，他是有史以来最著名的侦探，没有之一。

福尔摩斯的"读心术"

福尔摩斯展现出与杜邦同样的非凡才华，这并非偶然。作者柯南·道尔经常谈起爱伦·坡对自己写作的影响，这一点有时甚至直接反映在他的作品中——那个 8 月的下午，当福尔摩斯向华生解释自己的观察时，他就提到了奥古斯特·杜邦。两位侦探之间还有相当多的共同之处，都被文学迷和推理迷反复分析和记录下来。敏锐的读者将在本章节中发现他们的相似之处，然而我们的重心并不在此，更多的是关注他们行事的不同之处。如此一来，投资者就拥有了可以协同工作的两套技能。

从上面描述的小场景中，我们看到了福尔摩斯工作法的要领，他用三种截然不同但又紧密相连的行动来处理每个问题：

首先，他对现场进行了冷静仔细的审视，保持理性，避免情绪化带来的不良影响，任何细微之处都逃不出他敏锐的目光。

其次，他将观察到的内容放入现有的知识图谱中思考，从他那百科全书式的大脑中提取相关内容，使他能够理解第一步观察所包含的意义。

最后，评估他在这个完整的知识背景下所观察到的内容，使用合理的演绎逻辑，分析出对寻找的答案来说，不同的信息意味着什么。

在前文的那个下午，他先是察觉到华生面部表情的变化，继而考虑到他过往的背景，由此轻而易举推断出他朋友内心的想法。

在具体的实践中，福尔摩斯从第一步行动切换到下一步，如同行云流水，俨然是统一的思维模式，看不到其中的步骤。确实，这就是为什么旁观者经常被福尔摩斯的结论震惊到：他们无法从他迅如闪电的思维运行中看出有三个心理步骤。我们只有在远观时，才有机会拆分出三条独立的思路，这正是本章要探讨的主题。我们将从容地把它们拆解开，逐一审视，试图找出对投资者有用的经验。

我们刚才看到的这个带有适当的"读心术"意味的表演，对大侦探福尔摩斯来说，只是个微不足道的小把戏罢了。大多数时候，他在受到别人召唤时，面临的是复杂得多的考验。事实上，就在这一天，一位访客来到侦探在贝克街的公寓，请他帮忙解决一个棘手的问题。这一次，福尔摩斯还能再次施展他的魔法吗？

谁谋杀了老人？

一位年轻的医生——玻西·特里维廉，在紧张不安中讲述了自己的故事，他开始从他的从业生涯讲起。不久之前，一位名叫布莱辛顿的老人提出要资助他开一家诊所，不菲的花费均由老人出资，作为回报条件，老人可以居住在诊所里，随时得到医生的看护，并享有诊所利润的一些分红。特里维廉心想，如果仅靠自己的努力，要做到这一步，他至少还要省吃俭用奋斗十年，于是就愉快地答应了。

在两人的合作落实之后，诊所在开办的前几年运营得很成功。然而，就在几个星期前，布莱辛顿的行为开始有些怪异，外表体现出一种忧心忡忡的焦虑感，却又不愿意明说。后来，老人的情绪逐渐平复，特里维廉松了口气，以为一切回归了正常。然而，就在两天前，又发生了一系列新情况，特里维廉快要被逼疯了，所以来向福尔摩斯求助。

情况是这样的，医生接待了一位陷入昏厥的新病人，这个病正好属于他的专业领域。检查刚一开始，病人就突如其来地晕厥了，医生赶忙跑出去拿他的治疗药物。当他回来时，病人和送他过来的儿子已经从办公室里消失了。第二天，这两个人又回来了，对上次的不辞而别做了一番解释，于是，检查继续进行。这两次检查，儿子全程都在候诊区等待。

在他们第二次来访之后，布莱辛顿忽然冲进了检查室，歇斯底里地要搞清楚是谁不经允许闯进了他的私人房间。医生向他保证没有人会这么干，但还是同意去他的房间里查看一下，在那里他看见了一排清晰的脚印，证明老人说的话确有其根据。医生推断应该是病人的儿子趁着检查的间隙，溜进了布莱辛顿的房间，但他什么也没有拿走。既然没有东西丢失，为什么布莱辛顿会如此发狂？最后，为了安抚老人的情绪，特里维廉被逼无奈，承诺向福尔摩斯求助，所以他出现在了这里。

福尔摩斯对这个故事很感兴趣，他同意去诊所和布莱辛顿聊一聊。然而，当布莱辛顿言语中流露不知道是谁在跟踪他时，福尔摩斯就断定眼前这个人在撒谎。随后，他对华生说，病人和他的儿子都在撒谎，昏厥的症状很容易模仿，他们的真实目的是将布莱辛顿逼疯。他还暗示这件事还在进展之中。

事实正如他所料，第二天早上，福尔摩斯和华生再一次被召唤到医生的诊所，同时在那里的还有一位警察、吓坏了的特里维廉、一具老人的尸体。就在前一天晚上，布莱辛顿上吊"自杀"了。

福尔摩斯环顾四周之后，推断老人并非自杀。让我们研究一下，他是如何得出这个结论的。通过这个简明的案例，我们可以学习到著名侦探的分析方法。

　　勘查现场的警察在壁炉里发现了四个雪茄烟蒂，得出的结论是，受害者当晚抽烟到了很晚，也许是为自杀的决定踌躇不决。但福尔摩斯只扫了一眼就知道，这四只雪茄和在受害者雪茄烟嘴里发现的类型不一样，于是他毫不费力地从百科全书式的头脑中提取了一些数据。"布莱辛顿平时抽的是哈瓦那雪茄，"他说，"而这四只雪茄是荷兰人从他们的东印度殖民地进口过来的，其中两只是用烟斗抽过的，另外两只没有。"这个细节暗示的是：房间里至少还有两个人和布莱辛顿在一起。

　　随后，福尔摩斯发扬了他一贯的作风，有条不紊地检查了房间的每一处细节：锁、钥匙、床、地毯、椅子、壁炉架，还有那根致命的绳子。他还注意到，楼梯上留下了三组脚印，这提示有三个人通过楼梯蹑手蹑脚地进入了老人的房间。他甚至从叠加的脚印中看出来，哪个人走在了前边。他们破门而入后，地上发现的痕迹印证了他的判断。

　　他们显然带着杀人的预谋而来，留在现场的一把螺丝刀让明眼人很快就看出了这点。用武力强行控制住受害者之后，他们开始一边抽雪茄、一边讨论接下来该怎么做。福尔摩斯甚至可以根据地上的烟灰判断每个人坐在哪里，尽管这个信息无关紧要。最后，杀手的选择是：用一根平时防火逃生用的绳子勒死了布莱辛顿。其中两名杀手先离开了房间，另一名走在他们后面，从里边锁上了门。第三个杀手肯定是医生的某一位家人。

所有的迹象都清晰可见：三对脚印，锁上的划痕，不是布莱辛顿抽的四只雪茄，螺丝刀，以及警察赶到的时候，前门是锁上的。

福尔摩斯把它们列在一起，推断出蕴含在其中的真相：这是谋杀，而非自杀。就像他在另一个语境中说过的话："世界上充满了明显的真相，但每个人都选择视而不见。"

疑案的下一步可能更加棘手：谋杀者是谁呢？在这一点上，福尔摩斯比那位不知情的警察有着更明显的优势。他知道，布莱辛顿是被一个很熟悉自己的人杀死的。根据特里维廉的描述，福尔摩斯知道了那个伪装的病人和他儿子的相貌。他还在公寓里发现了布莱辛顿的一张照片。只需要去警察局稍待片刻，福尔摩斯就能确定杀手的身份。对于这几个杀手，警察并不陌生，他们本来是一伙银行劫匪，被一个同伙出卖后进了监狱，而那个同伙卷走了所有的钱，这些钱正是后来资助特里维廉医生开诊所的钱。他们几个人刚从监狱中出来，就追踪到布莱辛顿的住处，最终杀害了他。

就像这样，一个逻辑点连着另一个逻辑点，似乎只是一个简单的推理。确实，这正是天才福尔摩斯的神奇之处：所有事情一旦被他揭开，看上去都很简单。

真相藏在细节之中

　　夏洛克·福尔摩斯的名字家喻户晓，已经成为"侦探"的代名词。即使那些没有读过侦探故事的人，脑海中也会浮现出他的形象：头戴猎鹿帽，抽着海泡石烟斗，随时手拿放大镜，不放过每一处现场细节，直到心满意足为止。事实上，这种对细节的极致观察，只是福尔摩斯探案法的第一步，但绝大多数人对这点印象最为深刻。因此，在我们探索他的做事风格时，就从这里开始。

　　福尔摩斯的方法基于一种假设：任何事情都可以得到合理的解释，线索是现成的，只是等待着被发现。他一再强调，要想发现这些线索，就必须看清楚所有细节，甚至最微小的细节，换句话说，这取决于你的眼睛是否全程睁开着。观察细节的第一条准则：只有睁大眼睛，才能看见一切。福尔摩斯向我们展示了如何做到这一点。在《希腊译员》这个故事中，他向我们介绍了自己的哥哥麦考夫，并坚称他比自己更聪明，也更古怪。福尔摩斯、麦考夫和华生坐在麦考夫的俱乐部里，偶尔看向窗外的行人。像往常一样，华生讲述了当时发生的事情。

　　"对于希望研究芸芸众生的人来说，这里就是最佳观察点，"麦考夫说，"看看从这里走过的各色人等吧，比如正在向我们走来的两个男人。"

"你是指那个桌球记分员和他的一个同伴?"

"正确。你怎么看他的同伴?"

那两个人在窗前停了下来,其中一个人背心的口袋上有明显的粉笔痕迹,这是我唯一能看到的桌球记分员的标记。另一个同伴身材矮小,皮肤黝黑,帽子推向了后脑勺,腋下夹着几个包裹。(请注意:华生医生在一个人身上发现了粉笔的痕迹,在另一个人身上只注意到了他的身高、帽子和包裹。普通观察者可能只能发现这么多,而福尔摩斯兄弟看到的可远不止这些。)

"我推测,这是个老兵。"夏洛克说。

"而且最近刚刚退伍。"麦考夫说。

"我知道他在印度服役。"

"还是个士官。"

"应该是皇家炮兵吧。"夏洛克说。

"还是个鳏夫。"

"但还带着一个孩子。"

"孩子们,我亲爱的小孩,孩子们。"

"喂,"我笑着说,"你们这样有点过分了。"

"当然,"福尔摩斯回答,"要说一个仪表堂堂、神色威严、皮肤晒得黝黑的人是个军人,可比说他是二等兵难多了,而且他服役的地方距离印度不远。"

"他刚离开部队没多久，这可以从他还穿着弹药靴看出来。"麦考夫说。

"他没有骑兵的步法，他歪戴着帽子，从额头上露出的皮肤也可以看出他不是骑兵。而且他的体重也不利于成为一名工兵，所以他所在的是炮兵部队。"

"接着，再看，他一脸哀悼的神色，表明刚失去了一个非常亲密的人。从他亲自去商店采购东西推测，此人应该是他的妻子。你看，他一直在给孩子们买东西。有一个拨浪鼓，表明有一个孩子是儿童。他的妻子很可能死于难产。他胳膊下夹着一本图画书，说明还考虑了另一个孩子的需要。"

这件小事对两兄弟来说，当然只是愉快的消遣，他们观察的男人并没有犯罪。我们可以想象得到，道尔之所以写这个细节，是为了向我们展示，优秀的观察力并不是魔法。只要你仔细、贴近观察，所有的证据都摆在了明面上。出于同样的原因，我将它列入本章，提醒投资者注意：必要的信息就在身边，等待着你去留意它们。

当一桩犯罪行为真的发生时，福尔摩斯贴近观察一切的习惯就变得极为重要。那时候，对所有细节的归类就不再是游戏，而是寻找真相的关键步骤。福尔摩斯说："事情的本质就藏在细节之中。"那么，随之而来的，是谨慎、彻底的调查，掌握完整的故事脉络也变得很重要。

当我们积累了一定数量的信息，足以形成一个推论或支持原有的预感时，我们很容易止步不前，认为万事大吉。然而，福尔摩斯再三提醒，在收集完所有的事实证据之前就妄下结论的后果很严重。那些试图走捷径的人可能忘记了一条格言："真相藏在细节之中。"刚开始收集信息的时候，你根本无从判断哪些是相关的，所以必须耐着性子，收集所有的一切，筛选是下一步的事。

这就是为什么我们经常看到福尔摩斯手脚并用调查一切。他或是紧盯着桌子的一角、门锁上的盖板；或是爬到壁炉的顶部，检查铃绳末端的磨损之处；或是整个身体平贴在地板上，仔细观察地毯上的纤维。他毫不介意旁人讥笑的眼光，因为他深知，那个公正的裁决正在静静等待自己的调查成果。

福尔摩斯与投资：调查

睁大眼睛，观察值得观察的一切。

翻遍细节，直到真相大白的那天。

一个人如何具备高度的敏锐感呢？一部分是通过有意识的努力，心理上专注于做事的目标。福尔摩斯曾经提道："我刻意训练自己，关注别人容易忽略的内容。"通过不间断的练习，这种高度警觉的心理状态变得自然而然，形成下意识行为。一名侦探或投资者应该认识到，他要一直习惯于收集那些看上去不起眼，实则至关重要的小细节。随着练习的深入，他就会发现自己和福尔摩斯一样："观察，是你的第二天性*。"

福尔摩斯比一般人观察更为全面的一个原因是：他对案件涉及的人物保持了一种超然于外的客观性。他从不被情绪所左右，平心静气地检查相关事实，洞悉一切现象的存在，无所不包。福尔摩斯清楚地知道，一旦自己允许情感渗入理性，自己对真相的认知度就会大打折扣。正如他曾经对华生所说的那样："感性的特质和清晰的理性是相互对立的。侦探本身是，或者说应该是一门精确的科学，我们应该用同样的冷静和去情绪化的方式看待它。一旦你试图给这份工作涂上一抹浪漫的感性色彩，就像是将一个爱情或是私奔的故事，加入欧几里得的几何定理中一样。"

福尔摩斯天生逍遥放旷，超然世外，甚至有些反社会的人格。这种个性特征使他在收集、审查和案件相关的事实时，很容易保持客观性。现代投资者可能不具备这种优势，他们在和钱打交道的过程中，经常被两种典型情绪所困缚：贪婪和恐惧。如果你想避免类似错误，请记住福尔摩斯的格言："最重要的是，不要让性格中的弱点影响到客观判断的能力"。

> **福尔摩斯与投资：客观性**
>
> 不要让你的判断受到情绪的影响。

---

* "第一天性"是指与生俱来的本能。——译者注

保持客观的习惯让福尔摩斯很受用，这样他就可以不偏不倚地看待一切事实证据，也让他避免过早下结论。他对华生说："我从不抱有先入为主的偏见，只是任由一系列事实发展，把我带到真相存在的地方。"他的方法是不预设任何观点，始于客观事实，专注于收集信息。福尔摩斯的聪明之处在于，他避开了急于获得答案的心理惯性。尽管他收集了足够多的事实，提示存在某种逻辑上的可能性，但他总是有预感：这个答案也许不正确。他从不安于现状，持续寻找，直到发现一切，即便随后的事实指向了另一个方向。他从不因为新的事实和已经发现的事实相左，就拒绝接受它，而其他许多人很可能会这么做。

福尔摩斯试图引导我们相信，警员们就很容易掉进这种心理陷阱，投资者也是如此。具有讽刺意味的是，那些急于做好功课的投资者最容易受到这种心理的影响。当调查进展到某个时刻，他们认为自己已经收集了足够的信息，找到了某种清晰的关联性，于是想当然地觉得自己发现了答案。如果后续发现的信息和前面的答案存在矛盾，他们心理上无法放弃好不容易建立起的推论，因此他们拒绝接受新发现的事实。

回到投资领域，收集信息的含义是：收集一切必要的信息，不管它们会将你带向何方。如果你发现了一些新的事实不符合原本的推论，那么此时应该改变的是推论，而不是丢弃新的信息。

柯南·道尔的成长史

我们现在知道了福尔摩斯是如何成为出色的观察者的。他天赋异禀，又通过后天自律的练习，扩展和完善了这种天

> **福尔摩斯与投资：计划**
>
> 制定符合事实的计划，而不是偏离事实。

赋！然而，福尔摩斯的创作者柯南·道尔是如何认定观察力是侦探的基本技能的呢？是通过一种合乎逻辑而又令人诧异的充满个人色彩的经历。

柯南·道尔 1859 年出生于爱丁堡，是查尔斯·道尔的第三个孩子，也是家里的第一个儿子。他的父亲生于著名的艺术世家，但是个败家子。母亲玛丽·福利·道尔是查尔斯的女老板的女儿。查尔斯·道尔对自己的工作极为失望，认为自己和父亲以及兄弟们相比显得相当失败，转而借酒浇愁，萎靡不振。他还不至于沦落成有暴力倾向的酒鬼，但和家人的关系也日渐疏远。玛丽·道尔将家境贫穷归咎于丈夫的酗酒，努力操持家业，并把自己的注意力和对未来的希望寄托在了儿子身上。柯南·道尔一直承认，他母亲是对他一生影响最大的人。

在柯南·道尔的童年时代，当他母亲讲述祖上的光荣故事时，他都怀着敬畏的心认真聆听。在他很小的时候，母亲就教

他读书，讲述纹章学的要点。母亲对阅读的热爱和非凡的讲故事技巧，在潜移默化中塑造了未来的大作家。

玛丽·道尔起初并没有计划让儿子当作家，而是决心让他追随父亲的职业道路，做名医生。于是，柯南·道尔在英国和德国的寄宿学校接受了良好的神职教育之后（天知道玛丽·道尔是怎么支付得起学费的），顺利进入爱丁堡大学医学院学习。在那里，他接受了另一位对他影响深远的人的教导：约瑟夫·贝尔博士。

外科医生贝尔博士给年轻的医科学生授课，同时邀请他们参加自己在皇家医院每周的门诊，这样学生就可以现场观摩教授的行医技巧。贝尔教授极富人格魅力，很受学生欢迎，他要求学生在现场磨炼他们善于观察的慧眼。教授认为，正确识别病人所患的疾病，需要对他们进行全方位的观察，而不仅是听他们描述症状。他还相信，人们穿的衣服、走路和说法的方式，都携带了有关自己的线索，这些细节可以帮助医生更全面地了解病因所在。

在诊疗现场观察贝尔和病人，就像在看一名魔术师表演一样。道尔和现场的其他学生一样，对教授现场的举动印象深刻。在后来写的自传里，道尔记录了贝尔教授令人难忘的一次展示。

在堪称代表作的一个案例中，贝尔对一个平民病人说："好吧，伙计，你在军队中服过役。"

"是的，医生。"

"刚退伍不久?"

"是的，医生。"

"是在高地团?"

"是的，医生。"

"未受任命的长官?"

"是的，医生。"

"驻地在巴巴多斯?"

"是的，医生。"

"先生们，你们看，"贝尔教授解释道，"那个人虽然很恭敬，但他没有脱下帽子；如果他已经退伍很久，就会习惯平民的风格。另外，他给人一种很有威严的气质，显然是苏格兰人。至于巴巴多斯，从他的症状看，他患的是象皮病，这是西印度群岛的病，不是英国的病。"毫无疑问，在研究了这样一个人物之后，在日后的生活中，我使用和拓展了他的方法，尝试构建"科学侦探"的概念，他们依靠自己的能力破案，而不是寄希望于罪犯暴露出的愚蠢。

但讨论这个超出了我们故事的主题。柯南·道尔作为年轻的医科学生，并没有想到未来会以创作侦探小说为生，而不是去当名医。贝尔教授雇请他在诊所当助手，从事初级的实习工作，他却在不经意间练就了高超的观察艺术。他的工作是帮贝尔教授记录病人的症状和与之相关的所有细节。我们当然想象得到，在导师的言传身教之下，柯南·道尔逐渐变得善于发现病人言语中没有吐露的信息。

钱，对这个年轻的穷学生来说始终是个大问题。柯南·道尔找到什么实习工作就做什么，包括在两艘船上当医生：一艘开往北极，另一艘开往西非。这些经历让他体验到了异域风情，接触了各种具有不同特点的人物，随后在他笔下的故事中呈现，但也推迟了他完成医学教育的时间。然而，他还是取得了学位，并在 23 岁时以全科医生的职业谋生。

毕业之后，人生还没有对他展露欢颜。一开始，他就经历了几次失败的尝试，随后几个诊所给的职位也令人相当失望。他终于下决心开办自己的诊所。这是绝望之下的无奈之举。在努力一段时间过后，他才还清了债务。早期的时候，他的诊所门可罗雀。

年轻的道尔医生用写作打发自己的业余时光。早年他还在寄宿学校求学时就喜欢上这种方式，他对文字的驾驭能力在那时就引起了人们的注意。他的兴趣方向是历史小说，他创作了一系列自认为是严肃文学的故事、小说，并引以为豪。然而，他依然收入微薄。他的从医事业虽然在缓慢成长，但生活境况依然窘迫。1885 年，当他与一位病人的妹妹路易斯·霍金斯结婚时，人们更加担忧他作为男人的谋生能力。

一年之后，他写下一篇文章，从此，人生被彻底改变，尽管当时他并不知道这是个转折点。这是一部名为《血字的研究》的短篇小说，他第一次向世界介绍名叫夏洛克·福尔摩斯的私家侦探。多年之后，他解释了自己的灵感来源："我想试着创作一个故事，故事中的英雄人物对待犯罪的方式，就像贝尔医生对待疾病一样，他们都用科学的逻辑推理取代了偶然的运气发现。"

道尔最初将他的主角命名为"雪林福特"，后来改为"夏洛克"，这取决于你问的是谁，是板球运动员、爱尔兰的小村庄居民、小提琴家、学校的好朋友，还是朴次茅斯的警察（道尔当时就住在朴次茅斯）。选择福尔摩斯这个姓氏，是为了纪念奥利弗·温德尔·福尔摩斯，他本人就是一位医生。而福尔摩斯忠诚的伙伴华生，则取自道尔的一位同学的名字——詹姆斯·华生。

道尔随后又写了一部有关夏洛克·福尔摩斯的小说——《四签名》。再之后，他前往维也纳进修有关眼科的短期高级医学课程，结束之后，他忽然萌发了一个想法，计划围绕一个中心人物创作一系列故事，并认定福尔摩斯是理想人选。他认为，虽然自己真正的使命是写作历史小说，但写短篇小说可以快速增加收入，改变现状。

因此，在坐在诊室里等候病人到来的漫长时光里，道尔为

《海滨杂志》写下了两部短篇小说——《波希米亚丑闻》和《身份问题》。这两则故事在读者群中引起了巨大反响，广受欢迎，杂志编辑希望他再写四则。尽管此时的道尔仍然认为，写福尔摩斯的故事只是临时过渡，他未来还是想写严肃小说的，但最终他还是答应了，并要求对方先支付一笔可观的报酬。他如愿以偿，改善了经济条件。

相比之下，他的行医生涯就没那么成功了。作为一名眼科医生，他甚至连一个病人也没有。但这并不妨碍道尔先生怀着轻松愉悦的心情，做出了一个惊人的决定：他将彻底放弃医学，专注于写作。事实上，道尔单凭写作赚来的钱远多于行医，现代作家听到这个消息，可能会觉得受到了讽刺，并为此惊讶不已。

道尔只用了很短的时间就为《海滨杂志》写出了6篇夏洛克的故事，要价更高。他原本计划写完12篇之后就停止写作探案系列的小说，这引起了包括他母亲在内的多方抵制。杂志社也渴望他写出更多的故事。道尔却心心念念要尝试其他类型的写作，无奈之下，他决定向杂志社开出要价高昂的条件，以为这样他们就不会再来烦他了。出乎意料的是，杂志社欣然应允，提出的条件只有一个：写快一点儿，再快一点儿。

总的来说，在40年的时间里，道尔一共写了56篇以福尔摩斯和华生为主角的短篇小说，除此之外，还有一开始的4部中短篇，它们掀起了出版界的一股风潮。尽管在收尾之前，道尔早已厌倦了福尔摩斯系列，但他的读者却乐此不疲。今天，这些故事仍和它们刚发表时一样，被世界各地的读者狂热地阅读着，这无疑是道尔天才创作能力的体现。时至今日，各地读者寄给贝克街 221 - B 号福尔摩斯先生的邮件，仍然在被送往伦敦邮局。

培养杰出的观察能力

当今的时代，医生接受教育的方式和道尔所处的时代不同。今天的医科学生端坐在传统的课堂里，听老师站在台上讲授《诊断学》，并以尽可能快的速度记下笔记。随后，他们只有在医生的指导下巡视医院时，才有机会亲自观察和学习整个过程。医生告诉他们，诊断流程包含三个步骤：第一，了解病人完整的病史；第二，做一个全面的体检；第三，给出个性化诊断，记下所有可能性，并安排实验室检查以缩小范围。在整个过程中，他们都被提醒：即使病情看起来很明显，也不要试图跳过任何步骤，且不要被其他人的判断所影响。

教室讲授，加上课外实践，这种学习方法已经在医学院使用了几十年，直到近年来也没有人质疑它的效用。然而，耶鲁大学医学院皮肤学教授欧文·布雷弗曼博士开始思考是否还有更好的方法。

"在通常情况下，医生通过记忆病症的相关模式来学习，"布雷弗曼博士说，"一旦他们掌握了某种模式，就知道对应的是什么疾病。问题是，这些模式是由大的特征组成，而不是细节，但真正的答案往往藏在细节之中。大多数医生在为病人做检查时容易忽视细节的重要性，只看到了那些显而易见的部分。在我看来，他们需要提高观察细微之处的能力。"

为了解决这个问题，布雷弗曼博士灵感涌现，提出了一个十分新颖的想法：让医学院的学生上艺术鉴赏课，教他们如何欣赏绘画。学习艺术可以习得强大的观察能力，而如果只通过临床实践学习，可能要耗费多年时间。布雷弗曼博士的想法是，如果学生被要求描述一些他们完全不熟悉的东西，那么就没有了任何先入为主的想法，他们必须要留意所有的细节，而不是依赖脑海中形成的既有模式。

在一项为期两年（分别是 1998—1999 年、1999—2000 年）的试验中，他将一年级的医科学生分为两组，其中一组安排到艺术班学习，另外一组则按标准的医学课程学习。上艺术课的学生要花十分钟时间研究一幅提前准备好的画作，接下来用语言描述它在视觉上的细节。比如，在观察画中一位看起来很悲伤的女人时，他们不能简单地说她很悲痛，必须先去观察她的眼睛、嘴巴和身体上的其他特征，从细节中推导出结论。在学习过程中，艺术课教授会提出开放性问题，帮助学生提高全面观察的能力。

布雷弗曼博士发现，即使只上两个小时的艺术课，学生诊断病情的能力也能得到积极显著的提升。他说："洞察细节至关重要，你必须学会在这上面花费精力。被动传递的信息，识别出相关的模式，这只是人脑的记忆功能在运行，而主动搜寻信息，要求额外的独立工作水平和更好的分析水平。"得益于布雷弗曼博士的研究成果，耶鲁大学医学院的所有新生都被要求上一门艺术鉴赏课。

建立你的知识图谱

夏洛克·福尔摩斯就是一位拥有火眼金睛的大师级观察家。但他知道，就像医生诊病一样，仅仅收集细节信息是不够的。主动观察，甚至布雷弗曼博士提到的"积极搜寻"，都只是第一步。观察者需要将细节放入上下文的背景，从而辨析出它们的含义所指。

我在前面描述过，福尔摩斯法包含了三个步骤：细心观察、联想背景知识、得出结论。福尔摩斯自己描述他的方法时更简洁："观察和推理。"他没有提到第二步，即他脑海中大量的知识储备，也许是把这一步视为理所当然。但我把它单独放在这里，是为了提醒你们注意，因为这一点对投资者而言至关重要。

尽管你观察到了细节，但如果不结合上下文，放到整个背景中思考，也无法做出理性的决定。比如，你可能在公司年度报告的脚注中发现了一笔不寻常的支出，但无法利用这一发现做出决策，除非你有能力正确看待它。这笔费用和往年相比如何？这是公司独有的事件，还是反映了整个行业受到的普遍影响？

正如他向我们展示如何观察、记录所有的细节一样，在这方面，福尔摩斯一样可以成为我们的老师。

"我的名字是夏洛克·福尔摩斯，发现别人所不能发现的真相，这是我的职责。"

福尔摩斯从来不是以谦虚著称的，但这句话并非夸夸其谈。他很懂自己研究的事物，不仅知其然，还知其所以然。

福尔摩斯脑海中的知识储备极为丰富，令人震惊。举例来说：他知道不同报纸使用的字体，头骨的形状所代表的种族，伦敦的地理形态，城市与郊区铁路的布局，水手使用的绳结的类型，等等。他写了不少科学专著，主题包括：文身，密码，烟灰，人耳的变异，从打字机键盘能学到什么，如何用熟石膏保存脚印，一个人的职业如何影响手的形状，从纸张的外表确定文件日期，狗的行为可以反映主人的性格，等等。

他为什么要花时间学习这些冷僻深奥的知识呢？部分原因

在于，对像他这样的智者来说，知识本身就是有价值的商品。更为重要的是，他始终相信，各种知识的价值总会有被体现的一天。他说："对侦探来说，世间所有的知识都有其恰当的用处。"

知识有用，因为它们的确有实际的用处。比如，在有关雪茄的专著中，看看福尔摩斯是怎么写的："在这本书中，我列举了140种雪茄、香烟和烟斗的类型，它们有时会成为极其重要的破案线索。举个例子，如果你能确切地说，某起谋杀案是一个抽印度烟的男人干的，这显然大大缩小了调查范围。"

在有关福尔摩斯的探案故事中，我们见识了无数这样的场景，他从容地从海量的知识宝库中提取对调查有用的条目。仅举出一例：他能通过辨认自行车留下的车胎痕迹，判断出小男孩是如何从寄宿学校失踪的。他说："我熟悉42种不同类型的车胎。"显然，知识面宽广的妙用就体现在这里，如果他仅知道轮胎中的两三种，那么在面对这个谜题时，找出相关性的概率就微乎其微了。

福尔摩斯是如何做到这一点的？华生为我们描述了其中的秘诀："多年来，他发展出了一个简要的知识图谱，将人和

> **福尔摩斯与投资：知识**
>
> 　　尽你所能，学习一切；你永远也不知道知识什么时候会被派上用场。

事物联系起来。当他无法立刻识别某个人或事物时，就命名为

新的知识，加以存储。"换句话说，福尔摩斯养成了一个习惯，自动吸收和存储通过他自己的方式获取到的所有信息。据我们所知，大部分信息都存储在他的头脑中，并以华生所提到的类似物理文件系统的模式强化记忆。

希望增加自己知识储备的投资者，应该积极养成福尔摩斯的习惯：将你遇到的投资相关的信息归档，不管是在脑海中，还是在字面上。一旦开始行动，你就会发现，这点没有想象中那么难。当你训练自己养成观察细节的习惯后，知识储备的增加是自然而成的结果。

你有没有留意到，当你考虑购买某种型号的汽车时，那种车的信息突然就充斥于你的生活。这是个简单的常识：把你想要解决的问题代入下意识中。投资的世界也是如此，一旦你开始对某家公司，甚至某个特定行业感兴趣，所到之处都会发现相关的信息。随后，你将这些碎片状的信息添加进脑海中的百科全书，等待未来需要时被检索。

毫无疑问，这就是福尔摩斯的做事方法。他并不总是想了解42种不同自行车轮胎的花纹，但一旦认识到胎面花纹很重要，他就会下定决心去学习吸收。随后，当他在寄宿学校的田野间发现了一组车胎印迹时，他脑海中就有足够的数据去分析比对。

"推理机器"是怎样炼成的

格雷戈里巡查官："请您指点一下，我还需要留意什么地方吗？"

福尔摩斯："有关夜里那条狗的奇怪事件。"

格雷戈里："那条狗晚上什么也没做啊。"

福尔摩斯："这正是奇怪之处。"

这段引人入胜的对话可能是福尔摩斯所有作品中最让人津津乐道的桥段，甚至从未读过这则故事的人们也知道"不吠的看门狗"的寓意。

每当人们想起福尔摩斯，总会联想到这样的场景：在场的所有人和他看见的内容都一样，但只有他明白现象背后的含义。只有他具备那样深刻的洞察力，将观察结果归纳分析，得出合乎逻辑的结论。

在这起案件中，福尔摩斯知道，如果看门狗不叫，那么一定是因为它认识和信任闯入者。一匹珍贵的赛马失踪，它的训练员残酷死亡，那个对这两者负有直接责任的人会被看门狗视为没有威胁。所以，调查重点必须聚焦在和狗很亲密、很熟悉它的人身上。一旦福尔摩斯说出自己的想法——既清晰又简单，令人难以置信——站在一旁看的众人就会好奇，自己一开始为什么没有想到这一点呢。

他们没有发现的原因是，只有福尔摩斯才有天才侦探那样的敏捷思维、远超常人的头脑。他一旦进行思考，逻辑清晰，迅如闪电。正如华生曾经所说，他的确可被称为"一台推理机器"。

你还记得吧，我在前一章中说过，福尔摩斯法包含三个独立的步骤：聚精会神观察所有细节，结合相关知识分析，运用逻辑进行推理。然而，在福尔摩斯的脑海中，这些看似独立的步骤，其实宛如一体，在他全身心探寻真相的时候，整个过程迅疾如风，旁观者根本分辨不出三个步骤的存在，只有睁大眼睛惊讶的份儿。正因为我们自认为没有福尔摩斯那么聪明，才需要将他的方法拆成独立的步骤，便于理解和学习。我们还可以把三个主要步骤继续拆解，寻找有益于投资实践的经验。

首先，他从心理上转回到调查的开端：所有的事实是否都已就位？如果只收集了部分信息就贸然推理，就会陷入判断错误的险境。福尔摩斯告诫道："如果你在还没有掌握所有的证据之前就匆忙下结论，这样做会有失公正。"

这就是为什么，如果确有必要，福尔摩斯会毫不犹豫地重返现场调查。他回到谋杀案发生的房间，再次和证人交谈，研究讯问的结果，重新检查发现证据的那些地点。福尔摩斯说道："证据还不充分时，就急于推出不成熟的论断，这是我们这一行要面对的致命诱惑。"尽管他指的是侦探这个行业,但这个说法相当有智慧,同样适用于职业的投资顾问。

当然,调查刚开始时,福尔摩斯并不知道哪些信息最终证明和案件有关、哪些无关紧要,投资者刚做研究时也一样,这就是为什么要先收集所有的信息。然而,太多的信息会拖慢工作进度。正如他所说:"我们面临的主要困难在于证据太多,那些至关重要的东西,往往被无关紧要的东西掩盖了。"

信息收集完成后,顺理成章的下一步就是排序。"侦探首先是一门慧眼识金的艺术,你要从大量的信息中识别:哪些是无关紧要的沙子,哪些是你苦苦寻觅的金子。如果不具备识别能力,你就会失去破案所需的专注力,精神就会被无情地空耗掉。"

福尔摩斯的信息分类法源于简单的常识,且兼具条理性和直觉性。他先举出一个毋庸置疑的事实作为参照物,将另一个发现放在旁边和它做比较。第二个如果没有和第一个相互

> **福尔摩斯与投资:**
> **管理信息的艺术**
>
> 将所有与之相关的信息应用在手头要解决的问题上,但要有选择性。

矛盾,就被保留下来。随后,他在脑海中反复思考,这两种信息组合起来意味着什么。如果答案合乎逻辑,他就形成了一项推理。余下所有的信息都以同样的方式验证一遍,要么加入原有的推理中,要么看起来没有特别的含义,就先放在一边。

如果后续加入的证据导致了根本不可能的结论，它们也会被搁置在一边。这就是福尔摩斯提出的最著名的概念之一："当你排除掉所有的不可能，剩下的唯一可能就是真相，无论它看上去多么不现实。"

接下来的任务就是把这些事实排序，分析出它们指向的意义。"从摆在我们面前的所有信息中，我们只能挑选自认为必要的，然后按事件发生的顺序排列，这样就可以串联起来一系列意义非凡的事件。"

当然，侦探的目标是找到罪犯，福尔摩斯串联起来的是犯罪的详细过程。投资者则有不同的目标：重建导致某种财务表现（不管是好是坏）的证据链，以便他们留意未来相似的情况发生。

在试图拼出一个可能的推论时，福尔摩斯十分警觉，他知道，这些信息组合在一起，可能存在不止一种解读。那些看似显而易见的答案，有可能是彻头彻尾的错误。他说："没有什么比一个显而易见的事实更具欺骗性。"

有时，正确的答案取决于额外的研究。"我想到了七种不同的解释，每一种都涵盖了已经发现的事实。但答案是唯一的，哪一个正确，必须由新的信息来决定，毫无疑问，它正在前方等待着我们。"

需要指出的是，福尔摩斯既对新的信息保持警惕，又在头脑中保留了纳入它们的灵活性，尽管这些新的信息可能指向了不同的方向。事实上，他明确指出，发现一种新的可能性往往是件好事。"当你沿着两条不同的证据链前进时，你就会发现它们存在某个交叉点，那里应该是更接近真相的地方。"

福尔摩斯在解开"失踪赛马"之谜时要考虑很多细节：一种在香料浓郁的晚餐中没有被发现的镇静剂，受害者手中拿着的用于自卫的手术刀，口

> **福尔摩斯与投资：灵活性**
>
> 保持开放的心态。看似显而易见的事物背后可能隐藏着关键线索。

袋中的蜡烛头，三只瘸腿的羊，一件昂贵衣服的发票，最重要的是——那条不吠的看门狗。通过观察和分析这些事实，他得出了和警方截然不同的结论。

福尔摩斯在描述他的思考过程时，为我们展示了非常清晰的分析数据的样例："困难的地方在于如何将明白无误的事实框架，从理论家云遮雾罩的表述中分离出来。基于这些已知的事实，我们就有了立足点，有理由据此进一步发展推论，看看这个神秘事件的关键点究竟在哪里。"

那条看门狗没有叫，这就是那个关键的、毋庸置疑的事实。在确立了这一点之后，所有的事实就都各归其位了，因为"一个真正提纲挈领的推论，始终会引导着其他的推论，帮助理顺整个故事"。

溪谷谜案

清晨时分，华生打开一份电报：你有几天空闲时间吗？我刚刚接到来自英格兰西部的电报，与博斯科姆比溪谷的惨案有关。如果你愿意同往，我将十分欣喜。

随后，他们就出发了。福尔摩斯是应苏格兰探长莱斯特雷德的邀请前来，而华生是应福尔摩斯的邀请随行。这是他们早已习惯了的模式：当警察局标准的调查流程宣告失败，无计可施之时，两位黄金搭档应邀前来"救火"。虽然伦敦警察局的官员经常求助于福尔摩斯，但他们心中却常常五味杂陈，既有由衷的钦佩之情，还有那么一丝不情愿。

当他们前往该地区时，福尔摩斯打趣道："两个中年绅士正以每小时约 80 千米的速度向西飞驰，而不是在家静静享受他们的早餐。"随后，他总结了案情相关的情况：查尔斯·麦卡锡是澳大利亚人，他在博斯科姆比溪谷租了一个农场；头骨被发现时已经砸碎，他儿子詹姆斯的一把枪就放在尸体旁边；几分钟前，有证人看到父亲和儿子在激烈地争吵；詹姆斯的衣服上沾满血迹，他跑到邻近的小屋求助；詹姆斯当前已被逮捕，并被指控犯有谋杀罪。

麦卡锡家有一个富有的邻居兼房东——约翰·特纳。他的女儿叫艾丽斯·特纳。她从小就认识詹姆斯，深信他是无辜的，正是在她的恳求之下，莱斯特雷德决定去找福尔摩斯帮忙。

这个案子引发了福尔摩斯十足的兴致。对被告不利的证据非常充分，福尔摩斯认为，正因为如此，才更值得仔细推敲。

他从死者的儿子詹姆斯自己的陈述开始。詹姆斯外出旅行有些日子了，最近出乎意料地回家了。他出去散步时，不知不觉走到和父亲同行的一条路上。听到父亲发出一声标志性的"喂"的叫喊声，那是詹姆斯很熟悉的语调，于是他快步上前，发现父亲正站在博斯科姆比池塘边。两个人以同样惊讶的眼神四目相对。

父亲发现詹姆斯突然回家，就陷入了愤怒的情绪之中，他们激烈地争吵了起来。后来，詹姆斯独自走开了。还没走多远，他突然听到父亲凄厉的呼喊，赶忙冲了回去，此时父亲已经身受重伤。他抱住父亲的头，放在膝盖上，听他喃喃地说着什么词，听上去像是"一只老鼠"。詹姆斯还作证说，他之前好像看到地上还有一件灰色外套，等到他再次折返，跪在垂死父亲的身旁时，那件外套已经不翼而飞了。

在博斯科姆比溪谷的第一天，福尔摩斯还得到了一条重要消息：死者的致命伤出现在头骨的左侧。就在他被杀害的池塘边，麦卡锡原本安排了和某个人见面。他并不知道詹姆斯从短暂的旅行中突然回家了。查尔斯·麦卡锡和约翰·特纳早在澳大利亚就互相认识。麦卡锡极力劝说他的儿子和艾丽斯·特纳结婚，因为这个女孩日后将会继承一笔财产。

第二天，福尔摩斯的调查继续。首先，他认真测量了麦卡锡父子所穿鞋子的尺寸。随后，在莱斯特雷德和华生的陪同下，他来到发现尸体的现场进行调查。据华生回忆，尸体倒下的印迹和现场的人的脚印，在草地上看上去都很明显。但"我从他热切的脸上和专注的眼神中看得出来，在这片被踩踏过的草地上，福尔摩斯还读到了许多别的秘密。他办案时极其投入，方寸之地，来回查验，像是一条正追踪气味的警犬"。

他首先查看的是一个脚印的图案，他趴在草地上，希望看得更真切。他找到了詹姆斯·麦卡锡的指纹，证实了后者的说法。他还发现了另外一组脚印，形状不同寻常，揭示出十分清晰的画面："踮起脚尖，他们来了，又走了，接着再次回来，当然，是为了取回那件大衣。"

顺着这些不寻常的脚印，他再次趴在草地上，把地上的碎树叶翻起来。在这里，他还用放大镜检查了树皮，捡起一块锯齿状的石头。这种不遗余力搜寻细节的方式，正是福尔摩斯的典型标志。

几分钟之后，他很平静地告诉莱斯特雷德，凶手是"一个高个子男人，左撇子，右腿瘸了，穿着厚底射击靴和灰色大衣，抽印度雪茄，用雪茄嘴，口袋里装着一把钝刀子"。

　　凶手是谁？福尔摩斯已经知道了，但不方便透露。相反，他和华生一起回顾了整个案件，解释了现场所发现的一切，以及是什么信息让他最终确定了凶手。

　　其中有两点对本案尤为关键：当麦卡锡喊出"喂"的声音时，他并不是在呼叫自己的儿子，此时他还以为儿子在城外旅行。他发出的这个声调，另外一位澳大利亚人也能听得出来，因为那句"喂"明显是澳大利亚语调中的表达方式。福尔摩斯在他人生中的某处耳闻过这点细微的小事，把它放入脑海中备用。这个垂死的人喃喃说着的"一只老鼠"，也指向了澳大利亚，他试图说出的不是老鼠，而是一个和"老鼠"发音很相似的小镇的名字，中文名叫巴拉腊特。这两个关键的证据和其他加在一起时，共同指向了一个人——受害者的朋友约翰·特纳。

　　于是，福尔摩斯和华生去拜访特纳，而特纳此时已经病重。通过巧妙而富有同理心的提问，福尔摩斯获得了整个故事的全貌。特纳年轻时在澳大利亚通过一连串的抢劫赚到了钱，而麦卡锡曾是其中一起抢劫案的目击者。后来，特纳去了英国，结婚生子，当了父亲，过起了模范家庭的生活。再后来，他和麦卡锡偶然相遇了，从此平静的生活被彻底颠覆。麦卡锡借机勒索特纳，持续多年，特纳总是选择隐忍，满足他的要求，拼命保护自己心爱的女儿，以防她无法接受自己不堪的过去。但是当麦卡锡冷酷无情地要求把艾丽斯嫁给他的儿子，并觊觎她的继承权时，特纳当然不会将女儿送入火海，他断然拒绝了。就在两人约在池塘边碰面郑重讨论这件事时，特纳的心理防线被击溃了，做出了艰难的选择。

福尔摩斯认真聆听完整个故事，被老人的坦诚和坚定守护女儿的父爱打动了。他拿到了一份供词，但决定非必要时不使用，除非能用它来证明詹姆斯的清白。最后，由于福尔摩斯在法庭上提供了证据，詹姆斯被判处无罪，而约翰·特纳隐藏的致命秘密，仍然被作为秘密，深埋在相关人的心中。

理想侦探必备的三种品质

通过这个案件，我们可以领略到福尔摩斯所有的办案方法。首先，他从多个方向收集到了完整的信息：警察的报告，自己的采访，对谋杀现场的缜密调查。随后，他调用自己的知识图谱——有关澳大利亚、地上的脚印、雪茄、烟灰的知识，帮助他理解发现的证据。最后，他运用强大的逻辑思维能力，推导出合理的结论。

在博斯科姆比溪谷，我们还看到了福尔摩斯性格中不常见的一面：对正义的守护。福尔摩斯已经找到了真正的凶手，也找到了罪案的真相，这两者对他同等重要。当法律为他指向了一条路，而正义指向了另一条时，福尔摩斯选择站在了正义、同情和道德的一边。他向病危中的特纳保证："想必你自己也知道，你很快就要为你的行为接受比在法院更高的法庭上的审判。我将保留你的供词，如果麦卡锡被判有罪，我会在不得已时使用它。否则，凡间的眼睛将永远看不到它。"

布朗神父是我们即将要遇上的第三位大侦探，如果他遇到这样的情景，他也会以同样的方式处理。相比复仇、维护法律，他更倾向于人性的救赎。他利用自己的侦探技能来办案，目的却并不是帮助警察，而是引导罪犯做出正确的内心抉择。你将在第 6 章中见到他。

书中的总结并不能如实反映柯南·道尔优雅的创作，对你来说，再没有比亲自去阅读这些故事更快乐的选择了。当你真的去阅读时，请多留意福尔摩斯的思维习惯，他很值得我们投资者效仿。

福尔摩斯曾经这样评价一位法国警察："一个理想的侦探必须具备三种品质，而他只具备其中的两种。他拥有强大的观察力和逻辑推理能力，唯一缺少的是丰富多样的知识。"当然，福尔摩斯就是将这三者完美结合于一身的典范，这也是优秀的投资者应该追求的。

福尔摩斯步入华尔街

华尔街两种职业的结合体

如果福尔摩斯准备以投资者的身份进入今天的股票市场，他会怎么做呢？我个人猜想，他的投资方法和理念，会和伦敦警察请他出马破案时一模一样。

以下是我们对"福尔摩斯法"的了解：他以客观的心态开始调查，摆脱先入为主的偏见影响；他敏锐地观察所有的细节，直到最微小的地方，并将所有信息分类整理；随后，他将所有已知事实放入广博的知识背景下思考。接下来，在拿到了证据充足的事实后，他运用自己的逻辑和理性，在深思熟虑中走向一个结论，并时刻注意是否有和该结论相悖的新线索出现。

如果在造访华尔街时，他碰巧遇到了以同样的方式做投资的专业人士，这会是怎样的人呢？

我认为，最能体现福尔摩斯的能力和思维方式的专业人士，实际上是两种职业的结合体：信贷分析师和证券分析师。

信贷分析师

毫无疑问，在投资生涯中，你曾经在某个时刻考虑购买债券，所以你懂得债券是有评级的，从最高的 AAA 到 AA，再到 BBB，等等，一直到 C。一旦你购买了债券，就意味着你把钱借给了公司，公司承诺连本带利归还贷款。无论债券是由公司、国家，还是公共机构发行，最重要的问题总是：如果发行机构违约，那么无力归还债券持有人权益的可能性到底有多大？评级就是对信誉描述的简要形式。

债券评级标准由服务于标普和穆迪等公司的信用分析师共同制定。在他们搜集可以影响评级的相关资料的过程中，他们展示出了夏洛克也会认可的几种精神品质，以下举出三种：

1. 客观性。对我们当前的目标来说，这是最重要的一点。毫不讳言地说，我认为在华尔街的投资机构和评级公司在他们的报告中拥有同样的既得利益。服务于大型经纪公司的研究员和分析师，在面临推荐哪只股票的选择时，往往牵涉了巨大的利益，特别是对拥有投资银行部门的公司来说。基金经理和个人财富经理的决策如果导致了令人不愉快的投资结果，那么客户流失是必然的事。众所周知，即便是知名的投资者也会有失去理性、被情绪左右的投资记录。然而信用分析师在评估具体公司时，如果采取高估或低估的行为，则捞不到任何好处。简言之，他们工作的激励机制和任何一家公司的市场表现都不相关。

> 每一桩事实都携带着启示，它们一起形成通往真相之门的合力。
>
> ——夏洛克·福尔摩斯
> 《布鲁斯·帕丁顿计划探案》

2. 全面彻底地关注细节。为了给一家公司的债权进行评级，信用分析师要采访管理层的众多人物，关注行业趋势，研究可能影响该公司的宏观经济因素，走访公司的网店，甚至坐在零售店的停车场里数一数进店的顾客数量，除此之外，还要全面研究公司的每一份财务报告。

3. 开放的心态。在收集信息的过程中，信用分析师会时刻警觉那些可能影响公司信用等级的新信息，无论它们是好还是坏。这意味着他们必须保持开放的心态：随时愿意接受和先前的决定相矛盾的新材料，并抵制想给它们的真实性打折扣的心理倾向（通常情况下，这是人性使然）。

证券分析师

大多数投资者都是通过股票经纪人与经纪公司建立起联系

通道，股票或债券的买和卖都要经由股票经纪人的手进行。投资者和经纪人之间的交谈内容通常会围绕着公司的分析师，包括后者对各种股票所做的研究，以及含有投资建议的报告。

这些分析师的工作是评估证券（股票和债券）的财务健康状况，并引导公司的客户做出正确决策。分析师会研究单家公司以及公司所属行业的现状和国家整体的经济形势。然后，他们根据对该公司的过去和行业历史趋势的了解，分析这些信息，并对该证券的未来价值做出理性判断。经纪公司将分析师的建议提交给客户，客户则对专业人士提供的建议信心满满，他们不必再亲自研究，从而节省时间去做其他的事情。

理想情况确实如上所述。但有时问题会出现在投资银行部门和证券经纪部门之间（参见第 1 章的内容）。我并不是说一旦公司同时存在这两个部门，就一定会行为失当，而是说这是一个日益严重的问题，投资者应对此保持警觉。

> 让我们牢牢把握我们所知道的，这样当新的事实出现时，我们就可以准备好把它们放在合适的位置上。
>
> ——夏洛克·福尔摩斯
> 《魔鬼的脚》

即便不存在利益冲突的问题，投资者也需要关注另外一个现象：证券分析师会落入自己的情绪陷阱，进而失去一些客观性。他们可能会欣赏公司 CEO 天马行空的想象力，热衷于公司最新投产的新技术，相信创新的市场营销手段正显示出惊人的能量，观察到国人都在谈论公司非常炫酷的电视广告。无论来自哪一方面的原因，分析师总会沉醉于令人眼花缭乱的故事里，而忘记了完整的图景。我们这些以投资为事业的人都深知行为金融学的奥妙，原本应该对这种由一时冲动所带来的心理影响免疫，然而事实并非如此。

诚然，即使有这些局限性，证券分析师仍然完美体现了福尔摩斯身上的两大优点：广博的知识和推理能力。大多数分析师专注于一个行业，跟踪行业的公司许多年，当一家新公司崭露头角时，或者已有的公司宣布变革时，他们知道如何把这些放入更广阔的行业背景中去理解。他们密切关注可能会影响行业的政策新规，理解生意的来龙去脉，不管它们的形式是产品还是服务。他们对产品的工程规格如数家珍，可以随时告诉你最新的市场份额数据，并知道公司在研发方面有什么核心武器。

> 我们权衡考量各种可能性，选出概率最大的那一个。这是对想象力的科学运用。
>
> ——夏洛克·福尔摩斯
> 《巴斯克维尔的猎犬》

所有这些积累为他们提供了必要的知识背景，让他们可以理性地预测一家公司的未来价值。这可不是凭空猜测，而是纯粹的理性推演：我们了解了一件事，观察到了它，就可以相对肯定地推导另一件事。

如果把所有相关的事实都考虑在内，我们就有理由相信，股票会在特定的时间框架内，以我们可以理解的特定方式表现出来。

综上所述，信贷分析师的特点是客观、全面、关注细节、拥抱新的信息，证券分析师的特点是拥有广博的知识和优秀的推理能力。在我们期待的完美世界里，所有的金融分析师都应兼具两者的优点，而在那一天到来之前，聪明的投资者只有自力更生，追随伟大侦探的做法。如果他们依此而行，那么很有机会将一家年轻而充满朝气的公司打造成一个梦幻般的成功故事。

戴尔的创业史

迈克尔·戴尔第一次爱上电脑是在他七年级的数学课上，当时他 13 岁。3 年之后，他购买了人生第一台电脑（Apple Ⅱ），并迅速将其拆开，看看它里边的工作原理。从留在高中毕业纪念册上的照片来看，戴尔是一个典型的电脑迷，他戴的眼镜镜片很厚，他正在盯着电脑屏幕。但照片中并没有体现出戴尔的创业天赋。事实上，他年少时流露出的创业热情和对电脑的迷恋一样深。在他 12 岁的时候，他曾为集邮爱好者举办了一次拍卖会，这为他赚到了 1 000 美元的零用钱。高三的时候，他用自己的苹果电脑为休斯敦一家日报社精心设计了一个面向潜在新订单的数据库，赚到了第一桶金，他购入了一台宝马车，这是他人生中的第一辆汽车，对了，全部用现金支付。

为了取悦父母，戴尔在位于奥斯汀的得克萨斯大学读了医学预科，但他似乎已经隐隐感受到计算机行业对自己心灵的召唤。没过多久，这位朝气蓬勃的未来企业家就从年轻的大学生中脱颖而出。

戴尔开始在奥斯汀的电脑商店中闲逛，他首先观察到的一件事是：顾客在购买电脑的过程中很不快乐，原因是销售人员对电脑的了解还不如对真空吸尘器多。他迅速意识到，市场上有一大批聪明的电脑用户，他们知道自己想要什么，且有付费的意愿。所以，他开始组装升级包，并将它们卖给已经有电脑但希望增强功能的客户。他知道唯一达成目标的方式就是直销。他的第一个客户是个大学生，但很快发展到本地的商人，进而扩展到贸易展览会和当地电脑城，并开始在专业的计算机出版物上刊登广告。进入大学第一年的1月份，他赚到了3万美元；4月份，这一数字飙升至8万美元。

回到休斯敦休假期间，戴尔告诉父母他想退学。父母劝说他先读完第一年，随后同意他在暑假期间全力发展新事业。戴尔也答应，如果暑期事业进展不顺利，他就果断放弃，重回学校就读。

于是，在1984年5月，他正式成立戴尔电脑公司，开始全职销售电脑，公司起步资本金是 1 000 美元，这里得克萨斯州法律规定的最小数目。公司成立第一个月的销售额就达到了 18 万美元。发展到 1985 年 1 月，这家年轻的公司拥有了 39 名员工和 600 万美元的销售额，迈克尔·戴尔当时年仅 19 岁。从此，他再也没有理由回学校了。

那时，戴尔就已经想出了一些金点子，带领他的公司披荆斩棘，摘下行业桂冠，最终使他成为千万富翁。第一个是直销的理念，即去掉所有中间商。这既是推动戴尔公司发展至今的核心战略，同时也成为商业史上最闪耀的洞见之一，催生了后续许多新的成功故事。另外一个关键的点子是，聪明的计算机用户知道他们想要的是什么：一台恰好满足他们所有功能意愿的定制电脑，以合理的价格出售。他们不想要被"出卖"的感觉，也不想被人牵着鼻子走，希望得到的是一切尽在掌握的自由感。从这种对用户需求的洞察出发，很容易构想出戴尔电脑基本的商业模式：按订单生产每一台电脑，同时配备用户指定的精确组件。

定制电脑模式的成功，同时赋予了这家羽翼未丰的公司另一个战略制胜的武器：最小化库存。通过对零售店的观察，迈克尔·戴尔十分清楚电脑放在货架上意味着什么：它们的价值会随着时间流逝快速下降。事实上，戴尔早期的生意正是发端于此。他会买下这些过时的机器，将它们按照订单需求进行定制化升级，卖给奥斯汀的企业主（电脑的定价通常会让他们认为有折扣可图，但这对年轻的企业家来说，已经可以赚到十分可观的利润了）。

这个经验很简单：在一个由创新力驱动的行业里，产品几天内就可能过时，你肯定不希望它们待在货架上。因此，戴尔成立了一家几乎是零库存的公司。

在早期，戴尔是在大学宿舍里工作，当地企业会下订单给他，同时预付一半的零配件费用，产品交付的速度比企业往常收货的速度要快得多。公司第一条真正意义上的生产线，就是三个拿着螺丝刀的家伙趴在约 15 厘米长的桌子上工作。如今，供应商的卡车每天都在运送零件到生产线的一端，而另一端，UPS 的卡车每天则装载着已完工的电脑离开。整个过程，从接到电话或收到网上的订单开始，到电脑交付给客户，仅需 36 小时即可完成。

这家年轻的公司从给过时的电脑升级软件起家，下一步合乎逻辑的演变就是生产全新的电脑产品，使用和品牌电脑同样的组件。它们和美国国际商用机器公司（IBM）的外形、功用都很相似，但因为没有 IBM 沉重的分销和营销成本，所以它们的售价远低于 IBM。有一个典型的数据体现：1992 年，戴尔公司的营销和行政费用占营收的 14%，而苹果是 24%，IBM 是 30%。

迈克尔·戴尔曾经说过："我们的模式，就是采用成本最低、最有效的方式，把来自英特尔的芯片和微软的软件打包提供给客户。我们要用生动的现实来证明，客户为购买这些技术多付了钱。"虽然这是 1997 年的演讲，但他表达的是从创业伊始公司内部就已经达成共识的模式。

这家公司从创立的第一天就很成功，第一年的收入是 600 万美元，4 年后攀升至 1.59 亿美元，又过了 4 年，到 1992 年，这一数字已经上升到近 20 亿美元。公司快速发展的一个原因是，对手被打得措手不及：它们本以为戴尔公司就是做低价换市场的生意——这不可持续。价格当然是市场竞争的利器，但做过企业的都知道，价格只能带你走一段路，且只带你走一次。从那之后，你必须在质量和服务上证明自己。

直接从制造商那里购买电脑存在一个潜在问题：一旦电脑需要维修，客户必须要将电脑寄回给制造商，通常运费由客户支付。迈克尔·戴尔知道直销的点子是正确的，但他也知道必须要表现出更加积极的担当。他提出的解决方案是一流的客户服务，绝不是耍嘴皮子。

第一项权益是：30 天内无条件退货。第二项权益是：免费、无限次、终身电话技术支持。戴尔公司的接线员技术过硬，培训 6 个月后才允许上岗。如果客户第二次打电话来，上次服务过他的接线员会接着提供帮助。戴尔公司声称：客户遇到的 90%

以上的问题都可以通过电话咨询解决。对于剩余的疑难杂症，公司赋予了客户第三项权益：一年之内提供免费现场服务，通常工程师会在客户预约的第二天赶到。

在公司内部，经理和工程师每周五会召开故障研讨会，那些困扰用户的问题将被摆在台面上进行讨论，团队会深入研讨，直到每个问题都得到妥善解决。

每一位戴尔公司员工都认同这样的服务理念：戴尔必须取悦于客户，不只是让他们满意，更应该让他们感到快乐。

这种理念吸引了来自世界各地人们的目光。1991 年，当君迪公司（J. D. Power & Associates）决定将著名的"客户满意度"奖项颁给电脑公司时，第一个就颁给了戴尔公司。

1988 年，戴尔公司上市。连续多个季度，公司财报上的收入和利润就像时钟上的发条一样准时而有规律地增长，看上去这家公司不可能犯下错误。内部人士回忆道，那个时候的戴尔公司有三个目标，第一是增长，第二是增长，第三还是增长。颇具讽刺意味的是，他们后来犯下的少数错误都集中在那些曾令他们走向成功的战略要地。

1989 年，市场上芯片的价格跌到低谷，戴尔公司发现自己进货的元器件在技术上已经过时，买入价也严重过高。1990 财年，该公司利润从上一年的 1 440 万美元，跌落至 510 万美元（戴尔公司的财年到 1 月份结束，所以"1990 财年"指的是从

1989 年 2 月到 1990 年 1 月）。公司学到了重要的一课：在日新月异的计算机行业，库存管理至关重要。

第二年，戴尔公司的业绩开始反弹：1991 年第一季度，销售额增长了 45%，利润增长了近 50%，全年的总销售额超过了 8 亿美元。到 1991 年 6 月，该公司已经成为美国第六大电脑供应商，相比两年前的第 22 名有了飞跃式增长。

戴尔的销售额持续上升，1992 财年的第一季度，销售额翻了一番，利润增长了 96%。1993 财年的第一季度（日历上发生在 1992 年），销售额再次翻番；财年结束时，销售额达到了 20 亿美元。

随后，戴尔就像一艘全速前进的巨轮，迎头撞上了航程中的第一座大冰山。1993 年，几个"增长太快"带来的错误叠加在一起，影响了公司的利润。由于销售和生产之间的步调不一致，这家公司再度陷入库存高企、组件贬值的大麻烦中。此外，由于出现了严重的工程问题，一条新投产的生产线被迫报废。戴尔还曾试图建立自己的零售旗舰店，这项策略再次和引领它走向成功的战略逆向而行，不可避免地遭遇了败绩。

或许更为关键的是，戴尔的高级管理层没有建立一个有效的数据跟踪系统，以显示不同业务线的运营成本和利润，所以没有人能看到公司运作的完整图景。当这个缺陷完全显现时，该公司已经连续七个季度现金流为负值，再加上减值和重组费用，1994 财年共计损失 3 580 万美元。股票价格从 1993 年 1 月的 49 美元，下跌到 7 月的 16 美元，不少华尔街人士私下嘀咕："我早有先见之明，告诉过你局面会演化成现在这样。"

谁来纠正华尔街的"偏见"

戴尔取得的成就并没有被金融界忽视，然而在 1988 年公司上市后的四五年中，许多分析师曾对戴尔的商业模式产生严重质疑。他们认为戴尔的生意模式只是通过邮件售卖电脑，完全无法相信会有这么多的客户为此买单。面对分析师将戴尔称作"邮件卖货公司"，戴尔发出过言辞激烈的抗议，但也无济于事，前者依然固执己见。毕竟，分析师认为，拨打一个 800 的电话号码订购一台电脑，再通过 UPS 快递到你家门口，这和拨打邮购目录中的 800 号码买东西没有什么不同。

尽管戴尔已经预料到消费者的抵触情绪，并用保修和免费的技术支持来补偿客户，并且公司的销售量持续以惊人的速度攀升，但华尔街似乎仍然无法克服自己对它的成见。虽然 1994 财年戴尔的销售额高达 29 亿美元，但许多华尔街人士仍然在说，实际上，"我无法理解，我只是认为人们未来不会通过邮件购买电脑"。

这种怀疑反映到了金融媒体上。1995 年 9 月，《财富》杂志发表了一篇文章，提出质疑：在家用电脑市场蓬勃发展之际，戴尔还在完全依赖直销模式，是否阻碍了潜在的增长？作者指出，有些人怀疑戴尔是否会"沦落为这个行业细分市场的利基玩家"。就在 1994 年 12 月，迪恩威特公司的一位高级副总裁曾预测，如果不进入零售市场，那么他们"必将寸步难行"。

戴尔，包括公司和他本人，都没有被这些人的评价唬住，而是一直在按自己的步调前进。戴尔引进了一支聪明、坚强、经验丰富的职业经理人队伍，帮助他一起管理，提高了效率，取得了立竿见影的效果。

> 在没有拿到数据时就妄下定论，这是个重大的错误。人们在不知不觉中开始歪曲事实，以适应推论，而不是让推论来适应事实。
>
> ——夏洛克·福尔摩斯
> 《波希米亚丑闻》

在经历了 1992—1993 年的阵痛期之后，公司迅速恢复了往日的生机。它砍掉了在零售领域软弱无力的实验，开始加码国际市场，同时更改了公司的新口号，从"增长，增长，增长"，变成了"流动性，盈利能力，增长。"

1994 年制定的成本削减计划大幅提升了公司的盈利能力。公司大幅削减了零部件供应商，这意味着通过谈判可以获得更优惠的进货价。同时，公司还和货运公司达成了类似的协议，将快递业务交给少数几家公司，以换取更低的价格。

　　然而，公司在基本的客户定位上初心未改，并且做得更好。戴尔的主流客户群仍然聚焦于企业、政府、教育机构中老练的高端客户，全部销售额中有高达 75％的订单来自这个群体。并且，公司为它的核心客户群提供认真周到的服务。例如，一家企业可以订购任意数量的戴尔电脑，戴尔会为不同部门做好相应的配置，预装行业所需的专业软件，并根据需要运送到不同的工作地点，同时在合适的地方粘贴个性化的库存标签。如果客户需要技术支持，可以直接呼叫戴尔提供的上门服务工程师。当他们希望再多买一些电脑时，戴尔的客户主管会随时出现在大厅里，帮助他们完成订单。

　　戴尔的订购流程仍然保持了原样：客户拨打 800 热线，同销售代表讨论电脑定制的需求，最后有可能当场就会完成下单。唯一改变的一点流程是：从 1996 年开始，客户可以浏览公司网站上丰富多样的产品，自由添加各种配置，网站显示的价格也会随之调整，最后，如果他们决定下单，一键即可购买。到 1997 年底，也就是一年之后，戴尔每天都可以通过互联网销售出 400 多万美元的电脑。

　　戴尔一直十分清楚，直销模式给公司带来的是综合优势。首先，省去了中间商之后，它可以给客户提供更优惠的价格；其次，它加速了从下单到交付的流程，从生产到消费仅用一步；最后，客户和公司建立了即时、通畅的连接：每一通电话、每一次网络访问，都将转成现场客户反馈，汇入一个十分先进的客户偏好数据库。戴尔公司利用对消费者需求的全面收集，形成了洞察力，用于提升现有的产品，拓展新的产品线，以及优化其日常工作——他们甚至知道哪种颜色的销售宣传册更吸引人。许多消费品公司为了弄懂自己用户的偏好，不得不支付高昂的市场调查费用；戴尔基本上可以获得同样的信息，却不用付一分钱，这是它选择的商业模式的潜在优势。

卓越的客户服务、可靠的声誉、有竞争力的定价、重新恢复的盈利能力、极快的库存周转速度，所有这些优势最终彻底打消了华尔街人士的质疑。1996 年初，戴尔的股价像脱缰的野马一样，开始了十分狂野的旅行。

1996 年 1 月，几乎没有人预见到接下来的发展趋势。华尔街的传统观点普遍认为，明智的选择是买入软件公司，而不是硬件制造商，因为软件产品受到专利保护，而电脑制造商的产品很快会变成大路货。戴尔的表现证明他们看错了。

1996 年初，戴尔公司的股价开始了上涨之旅；到 1997 年第一季度，一年之内增长了两倍。随后，1997 年第二季度，它再次翻了一番。1997 年 7 月 23 日，股价为 167.25 美元，比 1997 年第一季度上涨了 211%，相比上一年的 7 月份上涨了惊人的 500%。1997 年 8 月，《财富》杂志称其为"华尔街最热门的股票"。

一个月之后,《财富》杂志的评价再次升级,称戴尔是"90年代最热门的股票"。它是 10 年来标准普尔 500 指数涨幅最大的公司,自 1990 年以来上涨了令人瞠目结舌的 200 倍。现在,你可以说那些年是所有科技股狂飙突进的好时代,你是对的。尽管如此,发生在戴尔身上的事情确实非比寻常,在它狂涨 200 倍的同时,高科技领域的弄潮儿微软的股价也只涨了 26 倍。

把握表象背后的本质

让我们从另一个角度来看这件事:1988 年 6 月,戴尔首次公开募股时,以 8.5 美元每股的价格出售了 350 万股的股票。到了 1995 年,每股股票(考虑了分拆)的价值是 100 美元;到了 1997 年,每股价值上涨到 1 000 美元。如果你在 1988 年 6 月向戴尔投资了 1 万美元,到了 1997 年 9 月,还不到 10 年的时间,你持有的股票价值就已超过了 100 万美元。

表面上看,这就是一个典型的"灰姑娘嫁给王子"的故事:一个非常聪明的年轻人有了一个好点子,创立了一家强劲的公司,虽然犯了一些错误但迅速改正,公司发展蒸蒸日上,股价如同平地拔起,直上青云,故事里所有的相关人——这个聪明的年轻人、公司员工、供应商、客户和股东,从此都过上了快乐富足的生活。

然而，现实真的有这么简单吗？

别忘了，本书的主题是学习成为一名优秀的投资侦探。这通常意味着我们要以稍微不同的视角看待同一个故事，发现别人不曾发现的内容，就像那些伟大侦探发现了被警察忽略的线索一样。

不妨这样想，传统的华尔街分析师就像传统的警察一样，他们的视野有限；伟大的投资侦探就像侦探小说中的那些侦探一样，他们使用有别于传统的方法，找到了通往真理的路。有时这意味着他们发现了那些表面看似健康的公司的缺陷（请回想第 3 章阳光集团的故

> 间接证据处理起来很棘手，它似乎直接指向了一件事。但如果你稍微转变一下自己的观点，可能就会发现，它在指向另外一件截然不同的事情时，却毫无违和感。
>
> ——夏洛克·福尔摩斯
> 《博斯科姆比溪谷谜案》

事）；有时这意味着在别人犹豫不决、持币观望时，他们发现了某家公司巨大的潜力，比如戴尔。你可能还记得，大多数华尔街的观察家对戴尔的商业模式并不买账。但并非所有的观察家都是如此。事实上，他们中的佼佼者十分具有伟大侦探的气质。

投资者偶尔在浏览金融媒体时，可能会发现有关戴尔商业模式的精辟描述。早在 1988 年，《福布斯》的一名记者就注意到

该公司致力于最小化库存和"削去中间商和分销成本"的策略。1991 年,《福布斯》的另一位作者指出:"相比 IBM 和康柏等制造商,戴尔通过砍掉市场销售和分销环节,有能力提供更具价格优势的产品。"

第二年,在一篇名为《为什么戴尔是幸存者?》的文章中,《福布斯》记者朱莉娅·皮塔将戴尔的模式描述为"制造业的轻资产模式,既保持了较低的资本支出,又提供了更大的灵活性"。正如文章指出的那样,1992 年戴尔的收入为 20 亿美元,而固定资产(土地、财产、厂房、设备)只有 5 500 万美元。这意味着每 1 美元的固定资产对应 33 美元的销售额,而当时的 IBM 每 1 美元的固定资产对应的销售额只有 2 美元。此外,皮塔还指出,戴尔的"负债率极低,因此可以获得很高的资本回报率"。

因此,在戴尔发展的早期,因股价大涨引起公众的注意力之前,就有越来越多的证据表明,这家公司值得引起关注。三位记者抓住了其中的几个关键点:分销端的低成本、价格优势、最小化库存以及较低的资本支出。但是,正如他们在文章中指出的那样,华尔街的分析师并不买账。证据已经很明显了,但多数人选择视而不见,或者更准确地说,他们还没有意识到自己看到了什么。

1992 年,时任第一波士顿股票研究副总裁的查尔斯·沃尔夫指出:"戴尔激进的定价策略和低运营成本的优势行之有效。"

桑福德·伯恩斯坦公司的瓦迪姆·斯托尼科夫是一名驻守

纽约的科技行业分析师。1995 年 11 月，当他被问及戴尔的情况时，他说："戴尔遇到的问题恰恰反映了它在高端市场的成功，该公司将利用它一贯的灵活和敏捷优势，顺利解决暂时的困难。它之所以能更快地将高端电脑产品推向市场，是因为专注于自己的定位，从来不担心整个供应链的情况。戴尔从英特尔购买完整的电路板，同时不参与零售渠道，从而在渠道端保持了低库存，获得了更快的周转能力。"

在写这本书的过程中，我获得了请教斯托尼科夫的机会。事后回顾时，他承认当时对事件真相的把握并非完全正确。今天，他坦言，自己从未想到商业模式的成功最终推动戴尔的股价一飞冲天，飙升到远超想象的高度。他这种直面自我的坦诚令人耳目一新，又心生敬佩。

他说："我可以预见，计算机硬件市场的商品化进程虽然已经持续了三四十年，但它还将继续下去。对每一种商品来说，决定竞争优势的关键因素是价格和分销。我们已经看得很清楚，戴尔的商业模式是最有效率的分销模式，将获得持久的成功。事实上，在我看来，随着时间的推移，越来越多的市场需求将被商品化，而直销是未来的趋势。

"大约在那时，整个行业的产品价格开始下降，用户对电脑越来越熟悉，整个商品化进程加速。我们当时做了一项有关品牌忠诚度和转换成本的调查。调查显示，如果能节省 50 美元，用户就会切换到其他品牌。随着这些调查的不断进行，转换成本呈现下降的趋势，这说明人们会越来越看重价格。"

> 恰恰相反，华生，你可以看到一切。然而，你无法根据你所看到的进行推理。你太胆小了，不敢做出推论。
>
> ——夏洛克·福尔摩斯
> 《蓝宝石案》

我非常佩服瓦迪姆·斯托尼科夫接下来说的话："坦率地说，我没有买对股票。我写了看好戴尔的文章，但过于强调价值，忽略了成长，这是我犯下的错误。"当我提醒他，在其他人还没反应过来时他准确看懂了戴尔的商业模式，他打趣回应："是的，我看对了商业模式，但看错了股价走势。我的人生中确实有些事情干得很漂亮，有些则搞砸了。"

在这点上，他并非孤独一人，大多数华尔街人士都是如此，如果他们碰巧关注到了戴尔，眼里也只看到了一种聪明的商业模式，再没有更多了。

戴尔的商业模式概括起来十分简单，具体如下所示：

● 面向客户直销时消除了中间商环节，创造出显著的价格优势。从产品面世开始，相比其他厂商的同类机型，戴尔的价格低 10%～20%。

● 更低的价格转化为更大规模的销量，继而提升了利润。

● 按需生产减少了资本支出，降低了产品过时的风险。

最终导致戴尔股价大涨的原因是它的低成本优势，然而几乎没有人看到这两者的关联。即使是那些看懂它商业模式的人，也没有意识到低资本支出的重要性。把我们之前的类比向前推进一步，可以说：华尔街人士就像优秀的侦探，他们挖掘出了所有的证据，而不足之处在于分析和解读这些证据的意义。为了抓住戴尔公司的本质，进而预测它的未来，华尔街需要一位真正的伟大侦探。

经济增加值

这件事的关键在于理解和诠释一个新的概念——经济增加值（简称 EVA）。在戴尔的股价飞天之际，这个概念开始被人们热议。这是故事的后半部分。

经济增加值是一家公司在特定时刻的财务快照。同其他一些我们熟悉的衡量标准一样，它也是评估企业财务上是否成功的一种工具。然而，正如支持者主张的那样，这张快照是更贴近真实的照片，因为它展示了完整的经营故事，而其他一些衡量指标基于正统的会计准则，往往掩盖了一部分问题。

简单来说，EVA 是指一家公司税后的营业利润减去所有的资本支出后的结果。它的提出基于一个深刻的常识：除非一家公司的运营利润高于其投入的资本成本，否则就不能称为真正的盈利。

虽然这个道理看似很浅显，但许多公司仍然陷入了麻烦，原因在于它们并不完全理解"资本"实际是由什么组成的。最常见的概念是资本代表着公司可运营的现金：通过出售股票和发行债券募集的资金。但很少有人真正理解获取资金所付出的实际成本。债券资金的成本很容易理解，它是公司必须支付给债券持有人的利息。但权益资金的成本就像一个不可见的幽灵，许多管理者认为他们没有给它开出一张支票，心理上很难把它看作一种"成本"。

此外，大多数管理者还知道，资本还包括固定建筑物、土地、工厂设备、车辆等内容。但另外一些成本，比如存货，并不常被认为是资本开销，因为它们在标准会计准则中没有被这样指定。同样，研发、员工培训等项目的支出也被视为费用，而不是成本。

> 让大脑在没有足够材料的情况下工作，就像没油时的发动汽车引擎一样，会把自己弄得支离破碎。
>
> ——夏洛克·福尔摩斯
> 《魔鬼的脚》

所有这些加在一起，指向了一个令人困扰的现实：在 EVA 的概念被提出之前，许多企业主受限于对资本的定义不明确，并不知道他们究竟有多少资本，更不清楚为了获得这些资本，自己付出了多少成本。

EVA 这个概念所做的事情，是将焦点转向获取资本所付出的成本，并迫使管理者在日常运营中想到这一点。举例来说，一些公司习惯于在季度结束时往仓库里堆满产品，这样做可以令报表上的收入增加，数字好看一些。而 EVA 让他们第一次明白，存货和仓储的成本都代表着资本。一旦他们习惯用这样的眼光看待资本，他们就很容易理解压库存实际上造成了一笔财务损失，尽管传统的财务报表并没有体现出这一点。

这就是 EVA 作为一种管理工具的意义所在：它帮助企业在实际管理和运营过程中尽力让资本创造出经济价值。然而，作为一种投资工具，EVA 代表的意义就较为隐晦，为了完全理解它的价值，我们需要引入一些数学运算。

计算 EVA 时，我们要先回答两个问题：（1）一家公司总共占用了多少资本？（2）获取这些资本付出了多少成本？第一个问题相对容易回答：将所有的硬资产加在一起，再把研发、培训等长期投资的成本考虑在内（会计准则规定不能这么计算，先不用理会），最后再加上以美元计价的营运资本，这就是你拥有的所有资本。但你为它们花了多少钱呢？我们再一次面临同样的情况，硬资产和研发、培训项目的成本容易确定，难点在于如何计算营运资本的真实成本。

如果是借来的钱，不管是银行贷款，还是发行债券，那么成本就是要支付的利息，即经税收调整后的成本。但权益资本就是另一回事。我们在前面提过一句，大多数企业主对"从股东那里获取资金付出的成本"没有概念,其中一些人认为这就是免费的钱,但事实并非如此。

对于企业主来说,考虑权益成本的最佳方式是将它等同于另一个术语:机会成本。作为投资者的你可能对此并不陌生。公司的所有者需要考虑到,当投资者买入你的股份时,他们抱有一定的期望。如果这些期望在未来没有被满足,他们就会卖出股票,收回资金,转而投到别处去,最终带来的后果是股价下降,公司融资的水源枯竭。为了防止这种恶性循环的发生,公司至少要向股东承诺稳定的升值预期和分红回报。计算权益资本所花费的成本的过程,就是要找到一个真实的数字,用它来满足股东的期望。

如果"权益资本的成本"体现为资产负债表上的一行,理解起来就容易得多,但很可惜它没有。从历史上来看,股票的长期回报率比政府债券要高出6%。所以任何时刻的机会成本,或者叫期望成本,应该等于长期政府债券利率+6%。具体到特定公司来说,根据公司不同的风险等级,机会成本可能会更高或更低,但必须始终以处在相似风险水平的其他公司作为参照。

如果一家公司同时拥有债务和权益资本,那么总比率必须是二者的加权平均值。例如,如果40%的资本由债务组成,成本是6%,那么债务部分的成本是2.4%(40%×6%)。如果剩余的60%是成本为12%的股权,那么股权部分的成本是

7.2%（60%×12%）。这两个数字相加，我们就得到了总资金成本，在这里是 9.6%。

现在我们准备好计算了。将公司的总资本乘以资本成本比率，这就是资本的实际美元成本。从税后营业利润中减去这个数字，就得到了 EVA。或者，用一个简单的公式：

$$EVA=（营业利润－税收）－（总资本×资本成本）$$

你所得出的是公司在上述期间创造的价值，这是股东最关心的内容：投入资本的净现金回报率。

作为一名投资者，通过计算 EVA，你掌握了一条十分有力的信息。我们近年的经验是，股价与经济增加值的关系比其他任何传统的衡量标准都更为密切。如果一家公司的经济增加值稳步增长，其股价上涨几乎是自然而然的。所以，如果你找到一家 EVA 处于上升趋势的公司，你就发现了一家股价可能大幅上涨的公司，上涨概率远远高于大多数其他可供对比的公司。

这正是发生在戴尔身上的故事。

戴尔的故事是一加一等于三的例子。一方面，我们知道戴尔是轻资产运营，并且库存很少（这也是资本的一部分），所以它使用的总资本很低。该公司整个经济模式的基础在于：将获取运营资本要付出的成本维持在较低水平。

另一方面，我们认为获取资本付出的成本是经济增加值的关键因素，而经济增加值的增加更能如实反映公司的盈利能力，因此是预测未来股价走势的最佳指标。

综上，这两个想法碰撞出了耀眼的火花：当一家公司的盈利速度远高于其使用资本付出的成本时，就像曾经的戴尔一样，其股价必将出现爆发式上涨。

当然，这种洞察力，对那些拥有远见卓识、率先发现这两者关系的人最有价值，一旦成为大众的常识之后，股价往往已经开始调整。

逆势买入的先知

1992—1994 年是互联网发展早期的关键几年，大多数跟踪计算机公司的投资者和分析师仍在基于陈旧的假定进行交易。当时市场普遍的共识是：只要是电脑制造商的股票，应该在 6 倍市盈率时买入，12 倍市盈率时卖出。这是历史形成的惯性交易模式，很少有人站出来质疑其合理性。华尔街大多数人士的观点极其简单：这条经验过去运用得很好，我们又有什么理由改变它呢？

1993 年，《财富》杂志刊登了一篇封面文章，经济增加值的概念正式登上主流财经媒体。每一位仔细阅读这篇文章的人都获得了一个重要的洞见：如果一家公司的现金收益正显示出较高的资本回报率，那么这应该就是未来股价走势的报喜鸟。

届时，深思熟虑的投资者可能会找到一种有利可图的逻辑：我应该寻找那些收入强劲，但使用资本的成本很低的公司。如果他们碰巧在电脑公司中寻找，那么戴尔就浮出了水面。

这个概念是如此重要，请允许我再换一种方式说：如果你认识到一家公司利用资本获取到了很高的回报，提升了附加价值，如果你理解了戴尔的商业模式成功降低了获取资金的成本，那么就可以得出结论：这家公司未来的价值将远高于 12 倍市盈率。当其他人正在抛售的时候，你就不会跟风而动，而会选择坚定持有。

在经济增加值这个概念首次被阐述的时候，戴尔的股价还没有开始令人叹为观止的攀升。甚至当人们开始谈论 EVA 时，也很不情愿将它纳入分析体系，那些慧眼独具的人总是少数，他们更早看到了 1 加 1 会变成 3 的协同效应，最终获利丰厚。

> 我们还没有领会到只有理性才能达到的结果。
> ——夏洛克·福尔摩斯
> 《五个橘核》

莱格梅森公司的比尔·米勒就是其中之一。他是唯一一位连续 11 年（1991—2001 年）击败标普 500 指数的共同基金经理，1998 年被晨星公司评为"年度国内最佳股票经理"。第二年，晨星公司选择比尔为"十年最佳投资经理"。在 11 年的时间跨度里，比尔管理的信托基金实现了 18.6% 的年度回报，远远领先于大多数基金经理。比尔胜出的秘诀就在于，他能够发现那些隐藏在重要的细节之中的、被别人忽略的价值。

比尔于 1996 年买入了戴尔公司的股份。那时，市场正忧虑个人电脑的销售量将进入下行周期，由此导致电脑制造商的股票被抛售。比尔以 5 倍预期市盈率的价格逆势买入，这符合电脑制造商的历史交易模式，通常这些股票的市盈率徘徊在 6 倍到 12 倍之间。当戴尔的市盈率达到 12 倍时，大多数价值投资者选择卖出，然而比尔坚定持有。

和沃伦·巴菲特一样，比尔·米勒把股票当作企业来进行分析，并不依赖历史上的交易模式做决策。所以他很快就预见到，戴尔的未来与过去有很大的不同。在考虑到拆股的基础上，比尔开始以每股 2 美元的价格买入戴尔，当时他认为戴尔的价值接近每股 8 美元。他对戴尔价值的计算来自两个方面：公司不断增长的现金流，以及很高的资本回报率（大约 35%）。但是，当个人电脑市场恢复，戴尔的收入和利润开始迅速增长时，他惊讶地看到，在 18 个月之内，它的资本回报率从 35% 上升到超过 230%，这是美国企业史上的最高水平。

到 1999 年，戴尔的股价增长速度远远超过了股票市场和其他个人电脑制造商的股票价格。一些投资者开始抛出戴尔，转而投入另一家电脑制造商 Gateway 的怀抱。当时，Gateway 的市盈率为 12 倍，而戴尔的市盈率高达 35 倍，一些人质疑继续持有戴尔是否明智。但比尔仔细检查了这两家公司，决定继续持有戴尔。他看到的数据是，Gateway 能达到很可观的 40％ 的资本回报率，然而戴尔持续超过 200％，5 倍于 Gateway，但市盈率只有 Gateway 的 3 倍。比尔对戴尔的最初投资，最终为价值信托股东创造出了 10 倍的回报。

像福尔摩斯一样思考，发现戴尔的真正价值

也许你正在想，许多投资界的专业人士都错过了这样的机会，作为个人投资者，你怎么能预见戴尔未来发生的故事呢？我的答案很简单：像福尔摩斯一样思考。伟大侦探在破案中表现出的品质，完全可以被今天的投资者好好利用。

● 他看待形势时客观、理性，可以抵抗间或出现的危险情绪的影响。

● 他做调查时彻底、深入，不吝惜时间，直到发现所有的细微之处。

● 当新发现的证据和原有的推论冲突时，他会认真考虑。

● 他的头脑中有一个巨大的知识货架，摆放着形形色色的各类知识，探案需要时取用自如。

● 对我们当下的目标最重要的是，他善于运用自己的智力，拥有无与伦比的分析、推理能力，直到以自己的方式得出结论。

　　这种顶尖的推理能力是福尔摩斯区别于小说中其他众多侦探的主要特征。清晰的推理将揭示出戴尔的真正价值，因此，这是我们重点关注的一种品质。其他的则相当浅显，只需要简单提及即可。

　　● 冷静、客观的观察。在高科技浪潮来临前夕，许多本来头脑清醒的人也被卷入这一场世纪性的狂热。在买入那些备受追捧的高科技股票之前，他们认为做任何功课都是一种烦扰。我想，他们中的一些人可能买在了股价的最高点。

　　● 关注点滴细节。幻想一笔盈利巨大的投资从天而降是不现实的，大多数时候，显而易见的投资机会被那些孜孜不倦研究的人挖掘出来，他们收集所有财经领域的信息，就连无聊的细枝末节也不放过。那些一眼就能预判出戴尔未来走向的人们，已经对它的商业模式和经济基础做了全面彻底的调查。他们还广泛阅读了财经媒体知识，获取到了有关经济增加值这个概念的早期讨论。

　　● 开放接受新信息。如果你拒绝接受一部分信息，那么收集信息就起不到作用，因为它与你已经深信的东西互相矛盾。那些对电脑行业广泛认同的交易准则（12 倍市盈率就应该卖出）存在依赖倾向的人，自然会拒绝接受新的观点，要么是因为心理捷径的影响，要么只因他们无法包容那些可能是正确的观念。无论处于哪种情况，用倾向于墨守成规的头脑看待戴尔，都被证明是一个严重的错误。

● 广博的知识。福尔摩斯在许多领域都是专家级人物，你从来猜不到什么时候他拥有的哪一点知识会和案情产生关联。投资者也是如此，拥有多个领域的知识对做好投资十分有价值。回首过去，今天我们就看得很清楚，在戴尔发展的早期就准确抓住了它的独特价值的人们，正是那些不仅了解电脑硬件知识，同时还对多个领域洞若观火的人，包括传统和新兴的分销机制、价格敏感心理学、行业整合的历史模型、商品化进程和计算机使用不可阻挡的大趋势。

以上这些特点都很重要，但如果不善加运用，基本也等于浪费。总的来说，它们为深入分析提供了一些资料，但分析本身并不会自动发生。解开谜题可不像寻找复活节彩蛋那样，只要你一个接一个找下去，总归能找到。除了收集信息，你还需要认真思考，才有可能获得答案。这正是福尔摩斯教给我们的主要课程："抽丝剥茧，深思熟虑，从一而终"的逻辑推理。

福尔摩斯留在我们脑海中的刻板印象是：一个身材颀长的男人，随手拿着一个大号放大镜，贴在地上检查地毯的纤维或草上的碎叶。我们已经知道，真相藏在细节之中，他经常通过华生的叙述提醒我们这一点。然而，收集信息只是基础工作，破解案件的真正关键在于运用逻辑思维能力分析这些细节。

在小说中，我们总是看到福尔摩斯安静地坐在贝克街的房间里，他手里拿着烟斗，瘦长的双腿伸在温暖的壁炉前，沉浸在对案情的思考之中。在谈到一起异常复杂的案件时，他曾一脸苦笑着说："这可真是件相当棘手的麻烦事。"话虽这么说，这个被华生称为"推理机器"的男人无一败绩。我相信，如果把戴尔的情况呈在福尔摩斯面前，他也一定会得出正确的结论。

● 他一定可以摆脱当时市场流行的关于电脑行业股票的传统观念。

● 他一定会花时间挖掘和戴尔的商业模式有关的所有事实，进而发现这家公司使用资本非常少，潜在利润十分丰厚。

● 他一定会将多领域的广泛阅读视为分内之事，因此会意识到经济增加值的概念，并将其纳入自己的思维体系。

● 最重要的是，他能够将经济增加值的概念和戴尔相关的事实联系在一起。这虽然是两条不同的思考路径，但他能意识到，它们加在一起能发挥出 1+1 大于 2 的协同效应。

> 当你沿着两条不同的路径思考时，你将会发现它们有个交叉点，那里更接近真相。
>
> ——夏洛克·福尔摩斯
> 《弗朗西斯·卡法克斯夫人的失踪》

戴尔股价的飙升引起了多方面的社会反响，许多人为之惊讶。唯一感到理所当然的是遵循两种不同的思考方法，在交叉点找到了真相的一些人。

正如柯南·道尔从贝尔医生那里学到了他的调查方法一样，我也希望投资者可以从福尔摩斯这里学到更好的分析技巧。但如果你把自己限定在只读柯南·道尔的作品，那就误入歧途了。这样做的话，你不仅失去了阅读其他经典悬疑小说的乐趣，也失去了观察和福尔摩斯有同样特征的侦探的调查方法的机会，失去了提高自己分析能力的机会。福尔摩斯调查法的一个主要特点是在法庭上运用现代科学方法。这一点深深吸引了和柯南·道尔同一时代的读者，时至今日，读者们仍然很着迷。

科学探案成为新时代风潮

进入 20 世纪之后，崇尚科学的热潮到来了。自从达尔文的《物种起源》在公众心中扎根之后，任何能够解释物理世界之谜的人都被世人所敬重。我们可以这么说，当柯南·道尔将受过医学训练的约翰·华生和具有科学家气质的夏洛克·福尔摩斯组合在一起时，他的作品恰好迎合了时代风潮。因此，道尔通常被后世认为开创了科学推理小说的先河。

夏洛克·福尔摩斯成名之后，模仿者众多，其中最成功的一位作家是 R. 奥斯汀·弗里曼（1862—1943 年）。弗里曼出生在伦敦，是一个裁缝的儿子，他最初是一名药剂师，随后毕业于米德尔塞克斯大学的医学院，成为一名外科医生，并在那里执教了一段时间。和道尔一样，弗里曼也通过写短篇小说来补充主业的经济收入。1907 年，随着约翰·桑代克博士在《红拇指印》中登场，弗里曼从柯南·道尔手中接过了英国侦探小说的统治地位，此时的柯南·道尔已经完成了他所有的重要作品。

《牛津犯罪与推理写作指南》中称桑代克博士是"史上第一位和最伟大的法医侦探"，他和福尔摩斯一样，是一个多才多艺的人：既是律师，也是法医专家，还是埃及学、考古学、眼科、植物学、刑法学方面的权威人士。但是真正让桑代克博士应用到高度专业知识的方向，正是弗里曼本人热衷投身的科学探案领域。弗里曼为桑代克博士开发和测试了用于破案的诸多技术和装备。弗里曼一直是一个很谦逊、不居功的人，但他周围的许多人，包括警察都把许多科学探案的方法归功于他，包括：灰尘分析，足迹保存，用 X 光检验血液、头发、纤维等。这些科学发现后来被世界各地的执法机关所采用。

在美国，最早的科学侦探出自亚瑟·B. 里夫的作品，他笔下的人物——克雷格·肯尼迪教授被称为美国版的夏洛克·福尔摩斯。肯尼迪教授在哥伦比亚大学化学系执教。我们可以想象一下，一个有着化学专业背景的侦探在血液分析方面一定会很有经验。然而，肯尼迪教授之所以广受欢迎，是因为他将许多先进的科技设备引入探案中，包括录音机、打字机、X 光机。时至今日，这些设备早已普及，使用它们也不会比别人拥有更多优势，但在 20 世纪的前 30 年，它们代表了先进的科学仪器，只有极少数人才能熟练使用。

道尔、弗里曼和里夫的作品的共同点在于：他们的每个角色都采用了符合科学精神的方法。福尔摩斯、桑代克博士、肯尼迪教授身上的标签不仅仅是侦探，他们同样被称为科学界的英雄。从诞生之日起，这些打着科学英雄标签的侦探就一直深受读者的喜爱。

后来的流行小说作家，遵循道尔、弗里曼、里夫写作框架的包括劳伦斯·G. 布洛赫曼、帕特里夏·康韦尔和凯西·莱克斯。布洛赫曼笔下的侦探丹尼尔·韦伯斯特科菲博士是美国中西部一家医院的病理学家，康韦尔医生笔下的斯卡皮塔是弗吉尼亚州的首席法医。凯西·莱克斯自己是美国北卡罗来纳州首席法医办公室和加拿大魁北克省的法医人类学家，她的专业背景带给笔下的侦探科学家唐普兰希·布兰纳高度的真实性。

尽管我对这些作家和他们笔下的侦探怀有最高的敬意，但柯南·道尔带给全世界的侦探小说仍然具有超凡入圣的独特味道。当我回味华生医生和福尔摩斯的探险故事时，《格兰其庄园案》给我留下了最深刻的印象，这并非因为它是道尔笔下最好的故事，而是因为这涉及福尔摩斯承诺要做的一件事。福尔摩斯说："你也知道，我现在忙于办案，但我计划用晚年的时间完成一本教科书，将所有的侦探故事集中在一卷书里。"

当然，福尔摩斯并没有写那一卷书。相反，他写了一些十分独特的东西。晚年的福尔摩斯退休后回到了农村，发展出了一个新的爱好——养蜂，最终写出了一本有关这个主题的手册。正如他充满自豪地告诉华生说："这是我在闲适的时光里做出的成果，是我晚年的代表作——《蜜蜂文化实用手册——对蜂王隔离的一些观察》。当我像从前观察伦敦的犯罪事件一样观察这些小家伙的行为时，你就看到了我不分日夜苦思冥想的成果。"就是在这里，他观察着蜜蜂，沉思漫长的职业生涯，还遇上了一位优秀的年轻女子，最后娶她为妻。

妻子？或许你会问，"真实生活"中的夏洛克不是个终身未婚的单身汉吗？他从来没结过婚。是的。但在埃德加奖得主劳里·金笔下令人着迷的现代探案系列里，这个主角的人生发生了转变。

劳里书中的夏洛克在 1994 年出场，书名是《养蜂人的学徒》，但这本书并不属于探案的范畴。

夏洛克承诺有一天会为大众写本书，但这本独特的书完美体现了一点：那个伟大侦探的学生享有学习的特权。

《养蜂人的学徒》从 1915 年开始讲起，退休的夏洛克·福尔摩斯在苏塞克斯唐斯郡从事蜜蜂行为的封闭研究。就在那里，他偶遇了玛丽·罗素——一个自信的 15 岁女孩，她的智力和他一样敏锐。随着他们友谊的发展，福尔摩斯让玛丽参加了一场非正式的侦探艺术和科学辅导。由于每天都有新的课程，不久之后，教书的乐趣促使福尔摩斯放弃了自己的退休生活，与玛丽·罗素一起开始了一系列令人兴奋的冒险，迄今为止已经有六本书描绘了这些冒险。

我问劳里：为什么你下决心写一本有关夏洛克·福尔摩斯的书？要重新塑造这样一个被人们奉为经典的人物需要极大的胆量。她的回答令我很吃惊：“我无所畏惧的原因是，我并不是在写一本关于夏洛克·福尔摩斯的书，相反，我是在写一本关于玛丽·罗素的书，我写作的主题是他们两人之间的往来交互。你知道吗？尽管两人有着本质上的性别的不同，但玛丽和福尔摩斯的心智却十分一致，我从写作中获得的乐趣来自连接了他们精神层面的相似性。”

在我看来，劳里著作的优点在于，已经习惯了道尔笔下夏洛克·福尔摩斯风格的读者可以轻松自在地进入这些新的冒险故事。当我们看到福尔摩斯和罗素一起出发，联手破案时，从来不会觉得作者是一个不够格的人。并且，对我们最重要的是，那些跟随福尔摩斯和罗素的人不断地从柯南·道尔那里得到可靠的调查建议。

尽管劳里说她书中的主角是罗素，而不是福尔摩斯，但我仍然相信她在书中准确地捕捉到了福尔摩斯这个经典人物的灵魂。我们观察到，福尔摩斯身上的一个特点是：他总是能把情绪放在一旁，专注于分析当前的情况。劳里说：“我认为福尔摩斯拥有把控情绪的能力，他总是保持冷静和理性。"在《养蜂人的学徒》中，她笔下确实体现了这一点。福尔摩斯告诫罗素："大脑反应快并没有意义，除非你能控制住情绪。"随后，他再一次重复前面的话："罗素，我已经告诉过你，一个不能控制身体的情绪反应的大脑，不值得拥有。"

我向劳里询问福尔摩斯的调查方法和推理过程。她回答道："福尔摩斯特别关心细节，这无疑代表了柯南·道尔书中福尔摩斯的一部分特点，当然这也是我书中的他个性中的一部分。"她说，他同时还强调了，收集一系列事实是基本的要求。福尔摩斯很讨厌凭空猜测，他只满足于不断积累事实——更多的事实。她提醒我说，在福尔摩斯和罗素最初的一次谈话中，侦探转向小女孩说："顺便说一句，我希望你不要养成猜测的坏习惯，猜测是懒惰带来的人性弱点，这点不应该与你的直觉混淆。"

福尔摩斯乐于检验不同的设想，这是劳里特别设置的心理特征之一。劳里说："你很难围绕一个成熟的设想开展工作，如果它看起来不适合作为假设，就果断抛弃它。从事实出发，你会建立起一个设想，如果有一些重要的事实和它不相符，就把原有的设想抛弃，转向下一个。大多数人，当然是指那些从事专业调查的人，倾向于在早期先形成设想，然后试图把一系列事实强加给它。"

她说："我们开始满意于对框架结构的设计，接下来就是好好装饰了，这需要像福尔摩斯这样的天才头脑，我认为书中的主角玛丽身上就体现了这一点——从完整的图景中去掉一个元素的能力。以绝对客观的眼光看待一件事实，将它从你的脑海中完全抹掉，这是大多数人办不到的，因为普通人严重依赖围绕自我建立起来的信息结构，他们容易依照先入为主的知见，将发生的事情纳入自己原有的意识形态，而不是立足于忠实看到事物本来的样子。简单来说，人们应该将重点放在事情本身是什么样，而不是应该怎么样。"

　　劳里·金并非一开始接触就对福尔摩斯这个角色着迷，她甚至不记得高中时曾读过这些侦探故事。直到她开始构思玛丽·罗素这个角色，才以自己的方式通读了道尔所有的长短篇小说。她说："作为一个成年人，进入福尔摩斯的世界是十分有趣的经历，我欣赏福尔摩斯的一点是他对探案的激情投入。这些故事与其说是单纯的侦探历险记，不如说是一个对守护正义充满热忱的男人，致力于让世界回归正道。在过去的一百年里，福尔摩斯的人格魅力正是在于完美地结合了聪明理性的头脑和维护人间正义的渴望，这也是驱动他走上探案之路的心灵力量。"

　　那么，有没有可能将福尔摩斯调查法简化成为坚实的指导原则，既适用于那些试图做出正确决策的投资者，也适用于致力于解开谜题的侦探？劳里说："只有你认真倾听他的每一句话，注意他的每一个细节，这种方法才会起作用。福尔摩斯调查法首先着眼于广阔的图景，随后逐一列出相关细节，记录犯罪现场的细微变化。这是一种法医的思维方式，如果你要模仿他的方法，这样做是非常必要的。"

　　对于那些希望提高收益率的投资者，我们现在可以将福尔摩斯和杜邦的方法结合起来，逐渐看清楚这两位伟大侦探是怎样有助于我们的投资实践的。但我们的旅程还没有结束，还有另一位伟大的侦探在等待考察，他将向我们展示探案的艺术并不仅仅是发现烟灰和脚印。

G. K. 切斯特顿和布朗神父

众人"看不见"的大侦探

在一列从英国北部海港开往伦敦的火车上,一名法国人正在全力追捕一个逃犯,他仔细检查所有的乘客,但没有人注意到他,因为他掌握了办案时不引起旁人注意的技巧。

这名法国人就是大名鼎鼎的巴黎警察局长阿里斯蒂德·瓦伦丁,全欧洲最负盛名的神探。他要追捕的不是别人,正是以盗窃珠宝闻名的法国人赫尔克里·弗兰博,他在国际上盗窃屡屡得手,成了知名的大富豪,并因其无所顾忌的聪明伎俩在许多圈子里被追捧。

但是在火车上,就在瓦伦丁悄无声息地盯着弗兰博时,他的注意力却被一位天主教神父的古怪行为分散了。此人身材矮小，有一张笨拙的圆脸，体形活像诺福克郡饭馆里的饺子。他的行为如此夸张，目的就是吸引众人的注意。他随身带着的几个散开的棕色纸包根本收不起来。他还带着一把破旧的大伞，总是不小心掉在地上。他甚至不知道回程机票的目的地是否正确。最使那位法国警察感到烦心的是，这个人似乎还不知道应该保持安静，总是向每一个愿意听他讲话的人喋喋不休地唠叨，内容是：他的一个棕色纸包里装着一块镶着蓝色宝石的贵重银器。

　　然而，当火车到达伦敦时，瓦伦丁很快就忘记了这位看上去笨拙的神父，他一心一意地追踪窃贼弗兰博。他并不知道这个窃贼在伦敦的目的地是哪里，但有一点令他很高兴：弗兰博的身高超过 1.8 米，这是这位善于伪装的大师无法隐藏的一点。

　　瓦伦丁的方法虽然很简单，最终却很有成效。由于他不知道弗兰博将以何种方式在大城市中活动，他决定采用反传统的搜索方式。"他没有去琢磨哪里是正确的地方，而是去可能错误的地方碰运气。任何能引起追击者注意的反常情况，都可能使被追击的一方注意到。"

　　本着这个追踪原则，瓦伦丁被一家入口台阶非同寻常的餐馆所吸引，不知为何就停了下来，走进去坐下，点了一杯咖啡，加了几勺糖。正是在那里，一系列奇怪的事件开始了。

他在一个很普通的糖罐里居然发现了盐，在盐瓶里却发现了糖。咨询过服务员和经理后，他才知道这已经不是当天发生的第一件怪事了。在此之前，两位神父在这张桌子前坐过，其中一个人把盛着半杯汤的杯子摔向墙壁，留下了一滩污渍。

两位神父？瓦伦丁立刻警觉起来。但是转念一想，由于一场大型宗教聚会正在进行，因此这座城市到处可以见到神职人员。尽管如此，任何不同寻常的行为都值得关注，两位神父中的一位很可能就是弗兰博。因此，瓦伦丁问，他们离开后去哪里了？店员告诉他，两人拐进了卡斯泰尔斯街。

在那条街上，警察局长经过了一个蔬果摊，那里的橙子和坚果的牌子刚换成新的，店主正在为最近遇到的一件事发脾气：一位神父打翻了他的一箱苹果，苹果都滚到了街上。神父？巧合开始越来越多。

瓦伦丁找到了当地的两名巡警，沿着同一条路线追踪，敦促他们保持警惕，留意下一个不寻常的信号。几个小时后，他在一家窗户被打破的餐馆里再一次发现异常，服务员告诉了他事情的经过。两个在外面徘徊了一阵子的外国人，进来之后安静地吃了午饭，买单时故意多付了一些钱。当服务员提醒他们时，发生了两件奇怪的事。服务员又看了一遍账单，才发现上面的金额被人改高了许多。两人中较矮的那位神父说："很抱歉把你们的账目弄乱了，多出的部分可以用于赔偿我即将要打碎的那扇窗户。"服务员问神父要打碎哪扇窗户，神父说："我即将打碎的那一扇。"随后，就像服务员描述的那样，他用他的伞打碎了那扇神圣的窗户。

瓦伦丁心中的希望逐渐升起，继续沿着两位神父经过的路线前进，这条路将他带到了一家糖果店，店员告诉他不必担心，她已经把那位矮个子神父交代给她的牛皮纸包裹寄走了。

这条路的尽头是一个公园，在那里，瓦伦丁发现不远处有两个人影在一起散步，定睛一看，是两个男人，一高一矮，都穿着神父的衣服。其中一个人正是弗兰博，毋庸置疑。当认出另一个人时，瓦伦丁大吃一惊，他就是火车上那个又矮又胖、像饺子一样的小神父！侦探尾随着他们，保持一定的距离。等他们两人坐到一张长凳上谈话时，他寻找时机贴了上去，侧耳倾听。

瓦伦丁听到了他们的谈话内容，都是关于神父、上帝、教堂和纯净的天堂，心里想：看来他们是纯正的神父，我在这些英国警察面前出了洋相。就在他这么想时，两个人的话风突变，高个子神父要求他的同伴交出蓝宝石十字架。

接下来发生的事情令瓦伦丁大吃一惊。原来，矮个子神父一直都在怀疑高个子神父的身份，认为他并非真正的神父，而是一个潜逃中的罪犯。他看着这个骗子将装有十字架的包裹换成了另一个不值钱的包裹，就悄悄把它们重新调换了过来，巧妙地安排糖果店的员工将真正的十字架寄送到安全的地方，并留下一条明显的线索让警察追踪。他甚至不用回头看也知道，警察已经追踪到附近，正躲在一棵树后边，认真聆听他们的每一句话，准备好了逮捕臭名昭著的大盗弗兰博。

这则故事的名字叫《蓝色十字架》，它的创作者是英国多产作家 G. K. 切斯特顿。这部作品向世人介绍了一位全新的大侦探：布朗神父。

对人性深刻而富有同情心的理解

在第一个有关布朗神父的故事中，切斯特顿将他笔下侦探品质的诸多特征熔于一炉，形成了独特的写作风格。这个故事为我们理解布朗神父的特点提供了一个很好的样板，我们将花些时间深入挖掘。

布朗神父最重要的品质也许是对人性深刻而富有同情心的理解，这既有他做神父的背景原因，也与他职业的使命感有关。同时，这种人格品质还帮助他在别人走错方向时找到谜题的答案，且绝非偶然。

这种理解人性的天赋有很多叫法，比如今天我们可以称之为心理学，布朗神父有时也用到这个词。有些人可能会称之为直觉，事实上它们确实是相关的。尽管我也相信直觉不是同理心的同义词，而是它的自然结果，然而，在《蓝色十字架》中，我们看到了这种最纯粹的理解：布朗神父的工作使得他有机会去接近各种各样的人，并从他们身上学习到很多关于人性的东西。

例如，他之所以知道弗兰博是个罪犯，而不是真正的神父，是因为他注意到了一个细节："当小偷戴着尖刺手镯时，袖子上会有一个鼓鼓的小突起"。现在我得承认，我也不知道尖刺手镯到底是什么——大概是某种类似于指节铜环一样的隐藏武器——但布朗神父肯定知道，因为他在传教过程中遇到过小偷，从他们那里知道有这样的手镯，还有其他一些有关小偷的职业秘密。当布朗神父揭露这一切时，弗兰博大吃一惊："哦，你知道，总会有人知道的。我们总是情不自禁想成为神父，但总会有一天，有人过来告诉我们，你们是伪装的。"

然而，比这种冷僻的知识更为重要的是，布朗神父的工作经常要面对教众人生的绝望时刻，这让他对人类内在的灵魂更加了解。他聆听人们的忏悔，帮助他们度过困难的时光，由此更懂得他们在做错了事之后会有什么样的应对方式。通过观察一个人的行为，包括面部表情、走路和说话的方式、举手投足之间的细节，他就可以了解那个人的内心世界。总的来说，他能看透一个人的所思所想，形成一个清晰的印象，且从来没有出过差错。

布朗神父在探案上的才华来自他对人性的深刻认识，而这种认识源自两个方面：他在教堂听人忏悔的日子，以及对自我的觉察。真正让布朗神父与众不同的是，他认为自己也有做坏事的能力，他坦然面对人性中的阴暗面。在《上帝之锤》这部作品中，他说道："我也是一个人，因此内心住着恶魔。"

基于他对人类的弱点由内而外的同情，他可以看透人心中最幽暗的角落。这种和罪犯共情的能力、感同身受的同理心，使他能够准确捕捉到罪犯的人格特征，甚至有时可以提前预测犯罪行为的发生，因为他清楚地知道人类的情感，比如恐惧、嫉妒等，以及从心理上还能承受到转化为实质犯罪的临界点。即使如此，他仍然相信人性本善，将救赎那些犯了罪的人作为自己的主要目标。

在这些故事中，我们看到温柔的神父总是静静地观察着卷入各种神秘事件中的人们，并以一种现场人看起来很神奇的方式识别出那个人所扮演的角色。对布朗神父来说，这一点也不神奇，就像白天黑夜的轮换一样平常。

尽管同为顶级侦探，但他并不像其他著名神探一样，喜欢将聚光灯打到自己身上，滔滔不绝地说出自己的结论。他总是很谦和，安静，细语轻声。事实上，他的低调出自真诚，却也是探案时绝好的伪装。在火车上，他看起来笨手笨脚、糊里糊涂的，手里的包裹和雨伞都拿不稳，不时掉在地上。然而，事实上，他敏锐的观察力已使他将弗兰博身上发生的事情尽收眼底。这种不引人注目的风格对他未来侦破案件很有帮助：作为一名不起眼的乡村神父，他很容易被环境中的人所忽视，如此反而得以隐藏起来，暗中执行任务。

> 那些真正能够理解人类行为的人，才有可能预测未来的行为。面对市场时也是如此，不要忘记，市场由人组成。

在《蓝色十字架》中，弗兰博犯下了一个严重的错误，他向布朗神父亲口证实了自己不是神父，尽管他的伪装相当有说服力。他们坐在公园长凳上谈话时，这个窃贼声称理性在宗教中没有地位可言。布朗神父反驳："恰恰相反，上帝是被理性约束的。"当弗兰博的真实身份暴露之后，我们看到，正是这种似是而非的争论暴露了他的真实身份，决定了他最后的命运。布朗神父说："你攻击了理性，这是在破坏神学。"

对理性的信仰是布朗神父精神世界的重要组成。如果我们认为他是某种宗教神秘主义者，碰巧通过神的帮助发现了真理，那就大错特错了。相反，他只是一个凡人，但拥有敏锐的头脑和高度发达的直觉，这两点都有助于破解未来面对的谜题。

同时，我们也看到了和他这种独特的探案方法相伴相生的另一面：他总是允许另外一种解释的存在。在观察了所有确凿无疑的事实，结合他对人性中无形的那一面的深刻洞察之后，他愿意保留一种可能性：那些看起来很明显的结论是错的，一定还有其他东西在暗地里起作用。这是他有能力破解谜团的关键之处：他知道，事情不是它们表面看上去的那样，真相往往隐藏在另一种解释中。

在《蓝色十字架》中，这种想法以一种十分微妙的形式呈现出来。为了引起警察的注意，布朗神父策划了一系列反常的举动。他从对人性的了解中知道，如果一个人遇上的事情令他很惊讶，那么这件事情自然就会引起他的关注，而通过敏锐的观察，真相更有可能被发现。把汤碗摔到墙上，故意打破窗户，表面看上去这是一个疯子在伦敦街头游荡的信号，但如果在场的人愿意考虑另外一种解释，那么他们或许会发现更多的真相。

在这个故事中，瓦伦丁必须保持开放的心态。他做得十分出色。在接下来的故事中，通常布朗神父是第一个发现事情不是表面看上去的那样，并且应该考虑其他可能的解释。

> 在生活的各个方面，永远记住，事情往往不像表面看上去的那样，这一点十分有用。

《蓝色十字架》对布朗神父还有另外的重要意义，它提到了两个男人，他们将在布朗神父的生活和未来的故事中扮演重要角色。第一个人是窃贼弗兰博，在又尝试了几次胆大包天的冒险行窃之后，他被神父感化了，迷途知返，转而成为一名私家侦探，与警察机构合作破案，有时也和他的老朋友布朗神父一起联手。第二个人是瓦伦丁，这位著名的警探，反而走上了犯罪的道路，差点因一桩谋杀案身陷囹圄。

警察良知沦丧，变成杀人犯；窃贼浪子回头，变成守法公民。这种身份互换的设定是很纯粹的，代表了切斯特顿的写作特色。我们不知道他是否从一开始就计划这么做，但一名如此喜欢讽刺和矛盾的作家，一定很快就看到了这种角色翻转带来的创作可能性。如此一来，这种设定就给了布朗神父一个充分的发挥空间，去做他擅长和关切的事情：拯救人的灵魂。

布朗神父的第一个故事之所以有趣，是因为它揭示了作者的一些信息。作为一名作家，G. K. 切斯特顿的职业生涯十分辉煌，我们很快就会看到这一点。然而作为一名侦探小说家，他对世界的贡献更是举足轻重，《蓝色十字架》就是这一系列代表作的开端。

在切斯特顿之前，大多数侦探小说纯粹是充斥有关破案的元素：犯罪发生，警察束手无策，侦探出马，解开了谜团。我们很少被告知侦探的私人生活，早期的作家也很少在描写风景上耗费笔墨。

自从切斯特顿横空出世，一切都改变了。我们不仅钦佩他小说中细致入微的情节设计，喜欢聪明绝顶的神父兼侦探，还被他那种灵动活泼的写作风格所打动；不只喜欢书中探案的闪光智慧，也喜欢他的文字本身所带来的趣味。读者仿佛一路跟随着警察，因随着他们追踪那些离奇的案件而兴奋不已。我可以举出几个生动的情节，来看看切斯特顿独特的表达：蔬果商捡起滚到地上的苹果时的愤怒，餐馆老板看到汤溅到墙上时的丧气，老实本分的服务员发现客人多给了钱时的一脸困惑。当神父说"多出的部分可以用于赔偿我即将要打碎的那扇窗户"时，我们开怀大笑。这些文字很生动，很有画面感，仿佛你不是在看书，而是在欣赏一场电影。

切斯特顿用他优美的笔触引导我们去接受一个几乎不可能的巧合。如果不是他首先告诉我们"所谓奇迹，最不可思议之处就在于它们会发生"，我们可能不会相信瓦伦丁碰巧来到了那家餐厅，那是追踪神父的起点。"天上的几朵云确实聚集在了一起，形成了人眼可辨的形状，一个名叫威廉斯的人确实不小心谋杀了一个叫威廉斯的人。简而言之，生活中有一种冥冥之中的天意安排，当人们只关注平淡无奇的生活时，总是会忽略它。"

切斯特顿的创作饱含诗情画意（他确实是位诗人），其对小说中的环境采用了抒情式的描绘，极大地丰富了笔下故事的光彩。《蓝色十字架》的开头是这样的："清晨银雾缥缈，海上绿波闪耀，只见天海之间，一艘小船划出，抵达了哈维奇港，走出一群像苍蝇一样的人。"

　　这些诗句一样的语言贯穿了整个故事，总是恰到好处，让那些优美的场景令人难以忘怀。例如，在《布朗神父的秘密》一文中，他写道："夕阳西下，暮色深沉，山风突然凛冽起来，一只小火炉立在石板上，那闪烁的火焰像是妖精的红色眼睛。"我敢肯定，如果是夏洛克·福尔摩斯傍晚时分坐在户外的露台上，就不会有"眼睛像妖精一样"的小火炉出场了。

　　同样，擅长写悬疑小说的爱伦·坡也不会这样描述意大利山区的一次长途汽车旅行："白色的道路蜿蜒向上，活像一只洁白的猫在攀登高峰，它像套索一样被抛向遥远的海角。然而，无论它爬到多高的地方，沙漠里仍然鲜花盛放……它就像是荷兰的郁金香花园，被炸药的能量吹到了星星上。"

　　还有另外一点值得注意，切斯特顿从来不担心情节中存在小的漏洞。我们在故事中从来没有被告知，弗兰博是如何在船上或火车上逃脱瓦伦丁的追踪的，也不知道他和布朗神父最初是怎么联系上的，但我们仍然对整个故事很满意，因为切斯特顿以诚心对待自己的读者。所有重要的情节都呈现出来了，没有不合理的解释，没有让人惊讶万分的荒谬结局。他并不像其他的悬疑小说作者那样，让大侦探把所有的人物都放在一起研究分析，最后给出一个长篇总结。他只是简单地讲述一个故事，让我们看到卓越的大侦探以独特的方式穿行于世界，解开谜题，拯救人的灵魂。

侦探小说大家的诞生

G. K. 切斯特顿 1874 年出生于伦敦，1936 年去世，他和柯南·道尔（1859—1930）大致处在同一时代，这是两人为数不多的相似之处之一。

很明显，切斯特顿从小就表现出天赋异禀，当他母亲去拜访他的校长，询问她 17 岁儿子的学习情况，并为他的未来发展征求意见时，校长告诉她：“您儿子是 1 米 8 高的天才，请珍惜他，切斯特顿太太，请一定要珍惜他。”当他的朋友们都考去了牛津大学或剑桥大学时，这位 1 米 8 高的天才却去了艺术学校，在大学里聆听有关英国文学的讲座。当切斯特顿在自传中写到这段生活时，他把这一章的标题命名为“如何成为众人眼中的疯子？”

他确实很有绘画的天赋，但从未想过以艺术家作为职业。然而，当他还在学校读书的时候，他听到了内心的使命召唤，就像经常发生的桥段那样，但这其实是一场意外。

切斯特顿在艺术学校结交了一位朋友，这位朋友是个出版商的儿子，他安排切斯特顿为一本名为《读书人》的月刊杂志撰写有关艺术方面的书评。正如切斯特顿后来回忆的那样：“我对于绘画一窍不通，所以反而很容易从读者的角度，对罗本斯的弱点或丁托列托的才华中的缺陷提出批评。我发现了最容易上手的职业，从此就一路追求下去。"他的意思是写文学评论。事实上，切斯特顿后来用英语为读者写了一些非常有见地、可以称为上佳之作的文学评论，但这还只是这位多产作家的一面。

在接下来的 40 年里，他在令人惊叹的诸多文学领域里创作了数量庞大的一系列作品，有关书目可以列出好几页纸。也许欣赏切斯特顿跨领域写作才能的最好方法就是留意文献资源中心对他的描述，这是一个由图书管理员创建的电子书数据库。在这个数据库中，每位作者都有一个简要的介绍，其中一个标签是体裁。和切斯特顿有关的体裁描述如下："短篇小说、自传、传记、历史作品、小说、戏剧、奇幻小说、史诗、新闻、文学评论、随笔。"他们其实还忘了列一条：诗歌。这个人在 62 年的时间跨度里写出了众多的非凡之作，赢得了生前身后名，人们亲昵地称呼他为：GKC。

值得一提的有趣现象是，切斯特顿的许多文学成就在他在世时就得到了社会认可，不像有一些作家，生前无名，死后才被追认为天才。同时代的人称他为"塞缪尔·约翰逊的转世"。乔治·萧伯纳，当时唯一一位以名字首字母命名的文学人物，则称他为"旷世奇才"。

他的机智是出了名的。有人曾问他那个经典的老问题：如果他被困在一个荒岛上，只能拥有一本书，他会选择哪一本。他毫不犹豫作答：当然是《罗伯逊实用造船指南》。与切斯特顿同时代的美国作家克里斯托弗·莫利指出："切斯特顿最精彩的幽默之处在于他对妇女解放发表的评论——'两千万年轻女性站了起来，大声疾呼：我们将不会任人摆布，要发出自己的声音！之后，她们却成了速记员'。"

著名的切斯特顿式的智慧源于他整个人生中体现出的特点：精力旺盛，神采飞扬。在读他的书时，我发现自己被他写给一个朋友的信迷住了，信中他神志不清地宣布，那个让他看了一眼就坠入爱河的女人已经答应嫁给他。

> 亲爱的米尔德丽德：
>
> 　　今天早上起床后，我小心翼翼地用热水洗了靴子，把脸给弄黑了，随后从容地反穿上我的外套，下楼去吃饭。我怀着愉快的心情将咖啡倒在沙丁鱼上，把帽子放在火上烤了。我告诉你这些生活细节，是为了让你了解我的心情。我的家人看到我从烟囱通道里出来，一只胳膊夹着个挡泥板，认为我一定有什么心事。好吧，我承认是有的。
>
> 　　亲爱的朋友，我订婚了。

当然了，他这是在自嘲。但事实上，切斯特顿的那种心不在焉的生活风格的确是出了名的。他经常去英国各地巡回演讲，但是经常忘记自己身在何处、去往何方。因此，有一天妻子收到了他寄来的一封莫名其妙的电报时，并没感到惊讶："我在哈伯勒市场，我此时应该在哪里呢？"她的回复很简短："家里。"随后，她告诉切斯特顿的传记作者："这种情况多来几次，把他带回家就容易得多了。"

切斯特顿那种天马行空、不拘一格的个性，裹在他晚年宽大肥硕的身材里正合适。据报道，他的体重超过了136千克，且他喜欢穿像斗篷一样宽大的披风和厚外套，这种装扮让他的身材看上去大上加大。一个经常被人提起的故事是这样的：有一次，他和朋友肖在街上相遇，切斯特顿对他那个瘦弱的朋友说："在我看来，你这片土地正在发生饥荒呢。"肖平静地回答："确实，现在我知道闹饥荒的原因了。"

切斯特顿最迷人的肖像画之一来自帕特里克·布雷布鲁克，他是切斯特顿的一个亲戚，也是他们家的常客。布雷布鲁克写的小传《G. K 切斯特顿》主要讲述了切斯特顿在文坛上的声誉，但是在临近结尾的一章中加入了"居家的切斯特顿先生"。读了这一章，我们可以从和切斯特顿很亲近的人的文字中，瞥见这位著名作家率真可爱的魅力。

　　当我初识切斯特顿时，他正住在巴特西（伦敦的一个区）的一套公寓里。那里的居民开始意识到，他们中间有一位伟大的人物，他们经常看到这位身穿披风、头戴宽边软帽的浪漫骑士，一边打招呼，一边驾着双轮马车向舰队街驶去。

他的目的地是舰队街——英国大多数报社的办公地点，因为那时他的主业是一名记者。就像布雷布鲁克所说，那是"他成名的年代"。结婚之后，切斯特顿和弗朗西丝搬到一个叫比肯斯菲尔德的英国乡村里安家，布雷布鲁克经常拜访他们。

如果说切斯特顿个性中有什么特点，那一定要提下他的热情好客。有许多人说很高兴见到你，但同时又带给你一种不舒服的感觉，让你以为他更高兴看到你离开。但切斯特顿绝非如此，他拥有让你快乐起来的魔法。当看到有客人来到家中时，他是发自内心的高兴。

我经常和他坐在桌子前交谈，听他说个不停，可谓妙语连珠。他在每一个主题上都有非凡的见解，同时记忆力惊人，信手拈来一个又一个诗人的名句，甚至可以拿餐桌上的任何东西，即兴创作一首诗。

布雷布鲁克先生还特别喜欢谈到切斯特顿对艺术的热爱，正是这种发自内心的兴趣吸引后者在年轻时去了艺术学校，而不是传统的综合大学。这种兴趣伴随了切斯特顿的一生。

切斯特顿是一位非常聪颖的艺术家。我郑重提醒那些爱惜图书的人们，千万不要借书给他。他当然不会拿剪刀剪碎它们，也不会将它们放在太阳下暴晒，更不会放到火上烤，但他会在上面画画。我在他家里浏览过很多书，上面几乎都有他留下的草图。

布雷布鲁克先生知道，读者一定很好奇作者是如何开展创作的，于是他带我们看到了切斯特顿的日常生活。

切斯特顿几乎所有的工作都是在小书房中完成的，那是个散落着无数手稿的密室。他的工作量十分惊人，有大量的文章要写、许多书籍准备付印，还要抽出时间协助当地的戏剧表演，去许多地方演讲，近至牛津，远至美国，还有比这两个地方跨度更大的吗？

在这短短一章的最后，布雷布鲁克先生向读者简要介绍了到访切斯特顿家的客人会看到什么。

一个拜访切斯特顿的陌生人通常会留下什么印象？我想，他会很喜欢这位大作家温和亲切的待人态度，惊讶于作家非凡的记忆力和阅读的深度，同时，感受到作家对他表现出的兴趣，会令人很满足。

拜访这样一个有趣的人是多么美妙的事情，他能就晚餐时的任何话题赋诗一首。他会兴致盎然地加入孩子们，坐在地上为他们作画。他经常发出轻松的大笑，用他亲戚的话说："他的笑声就像空旷的山谷中突然响起的阵阵雷鸣。"

这种对生活的热情当然令人赞叹，然而切斯特顿的优点远不止于此。除了机敏的应答、有趣的绘画和即兴创作的诗歌之外，他还是一个非常有深度和富有同情心的人，全身充满着社会正义感。他的许多作品都体现了自己的宗教和政治信仰，以及为实现理想所付出的努力。布朗神父的故事虽然是很有趣的探案小说，但其中也涉及了正义和道德这种深层次的哲学主题。

在《蓝色十字架》中，弗兰博对自己是被神父而不是警察发现感到十分惊讶，他轻蔑地提到了一个词："独身的傻瓜"。切斯特顿的读者很少有人知道这句话背后的故事。

在写有关布朗神父的第一个故事大约 6 年前，切斯特顿曾受邀在约克郡做过一次演讲（这是电视出现之前的一种常见娱乐方式），之后还应邀到一位朋友家里参加晚宴。在这次晚宴上，他第一次认识了当地的天主教神父约翰·奥康纳，后来他把这次会面称作"十分偶然的会面"。第二天早上，两人出去散步，用切斯特顿的话说，"在荒野上聊了几个小时后，在旅途结束时，我把一位新朋友介绍给了老朋友"。

没过多久，这两位朋友又开始了他们最喜欢的活动——一起散步，讨论很多事情。切斯特顿正好提起一项新的写作计划，主题涉及"相当肮脏的社会问题、人性的邪恶和犯罪行为"。令他大为吃惊的是，奥康纳神父指出，他对这些"变态行为"的描述是不准确的。"这是一种很奇妙的经历，"切斯特顿后来回忆说，"我发现这名安静而友好的独身者所探索的人性深渊比我要深得多，我从没有想到这个世界会如此恐怖。"

他们二人回到聚会的现场，发现有两名来自剑桥大学的年轻学生，就和后者交谈起来。谈话内容从音乐到风景，接着到哲学和道德的领域。过了一会儿，奥康纳神父起身离开，其中一位学生议论起那些"被关在回廊亭里，对世界上真正的邪恶一无所知"的人。切斯特顿讲述了接下来发生的事情。

> 对我来说，神父警告过我的那些令人毛骨悚然的现实事件，还在让我瑟瑟发抖。而这位大学生轻浮的评论，本身就像是巨大的、毁灭性的讽刺一样，几乎使我在客厅里放声大笑起来。因为我很清楚，这两位大学里的幸运儿所知道的真正的邪恶和挤在婴儿车里的两个婴儿一样多。

> 我的脑海中浮现出一个模糊的想法：把这些既是悲剧，同时又是喜剧的矛盾在艺术上加以运用。在喜剧中，神父应该看起来什么都不知道，而事实上，他比罪犯自己都要了解犯罪心理。

切斯特顿告诉我们，这就是"我第一次构思这部侦探喜剧的缘起"。

在他的著作中，切斯特顿经常用悖论来阐明自己的观点——这种情况看上去和常识相悖，却又真实而显著地存在，通常来自人性中的矛盾。今天的文学评论家和历史学家通常称他为"悖论大师"。他对布朗神父的描述就是一个很好的例子。

> 布朗神父最主要的特点就是平平无奇，他不想让自己的存在有意义；或许有人会说，他最引人注目的特征就是，他一点也不引人注目。他那普通的外表和内在的警觉与智慧形成了鲜明的对比。基于此设想，我当然就把他描绘得寒酸难看。他有一张圆胖脸，看上去毫无生气，他的举止笨拙呆滞，诸如此类。

然而，切斯特顿很快便为他的朋友做了辩护。他指出，布朗神父与奥康纳神父相似的只是"内在的智力品质"。现实中的神父衣着非但不破旧，反而相当整洁；举止非但不笨拙，反而十分精致和机敏。

切斯特顿补充说："我太放纵自己啦，像是把我的好朋友拉出来打了一顿，把他的帽子和伞搞得不成样子，把他的着装弄得一团糟，把他那张聪明的脸描写得毫无生气。总体来说，我把奥康纳神父成功包装成了布朗神父。我说过，这种包装是一种刻意的虚构，意在凸显鲜明的对比正是喜剧艺术的重点。"

探究切斯特顿为何称他的悬疑小说为"喜剧"是相当有趣的。这可能是他用自嘲的方式来指代自己和作品的一种说法。他曾将布朗神父的故事描述为"我用这个无止境的故事来折磨世界"。我的猜测是，他用了莎士比亚或希腊语境中的这个词，来表示自己的作品不是悲剧。但是，不要偏离主题，我们要理解的更重要的一点是外表和内在的力量对比，作者故意这样设计，以强化他的观点：一个"独身的傻瓜"比那些自我吹嘘的人更加了解这个世界以及生活在其中的芸芸众生。

切斯特顿本人是侦探小说的忠实粉丝，这点似乎不言自明，他通常会在大衣口袋里塞一两本小说，一有时间就打开阅读。事实上，在认识奥康纳神父之前，他就已经开始了侦探小说的创作。然而这些早期的小说，早已淹没在人们喜爱布朗神父的热潮里了。

虽然切斯特顿总是把自己强烈的道德感和社会正义感灌注到他的故事中，但他从来不掩饰写书主要是为了赚钱这一事实。就像之前的柯南·道尔一样，为了满足杂志社的请求，他匆匆忙忙把故事写完，并用赚来的稿费维持自己经营的一份政治报纸：《GK 每周通讯》。这一点恰恰成为切斯特顿是位天才作家的证明，即使他也曾经在匆忙之中炮制出我们今天称之为粗制滥造的产品，但他的经典作品仍然具有流传久远的力量。

1910—1935 年间，切斯特顿创作的有关布朗神父的故事在30 年的时间里陆续出现在当时的流行杂志上。最终，它们被收集整理成五本书：《布朗神父的清白》(1911)、《布朗神父的智慧》(1914)、《布朗神父的质疑》(1926)、《布朗神父的秘密》(1927) 和《布朗神父的丑闻》(1935)。在那个时期，我们今天所知的侦探小说就已经定型，虽然流派不同，但是内在的模式很相似，这种创新在很大程度上归功于 G. K. 切斯特顿。

甚至在切斯特顿还在世时，他对英国推理小说的影响也是巨大的，并得到了社会的广泛认可。1928 年，安东尼·伯克利创立了侦探俱乐部，首任主席正是切斯特顿（而不是柯南·道尔），他一直担任这个职位直到去世。

你们应该还记得，切斯特顿还是一位声誉卓著的文学评论家，所以他对优秀推理小说的评价标准素来都有个性鲜明的观点。正是他坚定地指出，推理小说的作者应该公正地对待读者，而不是试图胡乱编造情节，欺骗和糊弄他们。在 1925 年的一篇《如何写侦探小说》的文章中，他写道：

> 创作侦探小说首要的根本原则是，将读者引向光明，而不是黑暗。故事是为了读者真正理解的那一刻而写的，而不是刻意制造出令他们大惑不解的时刻。大多数糟糕的侦探小说作家在这一点上就失败了，他们抱有一种奇怪的观念，认为自己的工作就是为了把读者绕进去，只要能把读者成功引进迷宫中，就不在乎最终后者是否会失望。
>
> 第二个原则是，侦探小说的灵魂内核应该是简单的，而不是复杂的。谜题的表面也许看起来复杂，但内在必须是简单的，这同样也是优秀作品的一个标志。作者看似在解释整个谜题，但他根本不需要做出此番解释，一个好故事的灵魂应该是不言自明的。

早在1901年，切斯特顿在写出布朗神父的第一个故事之前，就在为侦探小说大力辩护——同时代反对派的文人认为这一题材无关紧要。在一篇名为《侦探小说的辩护》的文章中，他雄辩地阐述了关于这类小说的两点重要价值。首先，神秘事件让普通生活有了诗意。作为侦探小说的粉丝，同时也是一位诗人的切斯特顿写道：侦探小说是"一种令人满意的表达媒介，最平淡无奇的物品可能成为破解罪案的重要线索，最不经意的话语可能成为洞察凶手内心世界的关键"。其次，他还认为，侦探小说中的英雄代表社会大众去独自寻找真相，象征着"可敬和善良的理想"。因此，侦探是"社会正义的代言人，充满诗意的原始形象"。切斯特顿总结道，侦探小说呈现了"日常生活的诗意和法律守卫者孤胆英雄一样的人性风采"。

布朗神父办案的三个视角

尽管布朗神父和夏洛克·福尔摩斯在几乎每个方面都大不相同，但切斯特顿心中却十分敬佩柯南·道尔，并在他的散文和侦探小说中多次公开表达自己的钦佩之情。一个生动的例子是，切斯特顿出版了一本散文集《经典作家》，罗列了他对许多重要作家的看法，从莎士比亚、雪莱、易卜生，到王尔德、马克·吐温等，其中就包括了两篇关于虚构人物夏洛克·福尔摩斯的短文。

有时，他也会用温和的笔调取笑柯南·道尔。在写布朗神父之前，切斯特顿早期写的一个故事里，他的神探若有所思地说："事实掩盖住了真相。我也许真的很傻，确实，我疯了，但我永远不会相信那个人，在那些绝妙无比的故事里。他叫什么名字来着？对了，福尔摩斯。故事里的每个细节都指向了一些东西，当然，通常都是错误的东西。对我来说，一个事实可以通过所有的细节体现出来，就像一棵大树是由成千上万的小树枝组成。"

与此同时，他也很坦率地表达了钦佩之情。在创作布朗神父之前，在他写的另外一个故事——《鲨鱼的影子》中，他写道："致已故的夏洛克·福尔摩斯先生：在阅读那些启迪人心的探案过程中，我们对创作它们的天才作者永远感激不尽。"

在布朗神父的几个故事中，他也俏皮而又亲切地提到了夏洛克。其中最耐人寻味的是一位退休警探和一位对侦查感兴趣的业余侦探之间的对话。

这位警探说，我们这行是唯一的一个专业人士通常被证明是错误的行业。让我们想象一下夏洛克·福尔摩斯与莱斯特雷德这个专业警探之间的关系。福尔摩斯可以猜到一个正在过马路的人是个外国人，仅仅因为那个人在观察车流时，目光转向了右边，而不是左边。我十分确信莱斯特雷德怎么也做不到这一点。但他们遗漏的一个事实是，警察也许猜不到这一点，但仍然可能会知道，只是因为他的部门必须要监视所有的外国人。

切斯特顿总共写了 53 个有关布朗神父的故事。同大多数优秀的文学作品一样，它们既给读者带来了快乐，同时又富有启迪，潜移默化中还教给了我们新的思想。我偶尔会冒出一个想法，告诉你们全部的故事，但也知道办不到这点。我将再告诉你一些特别能代表布朗神父独特魅力的故事。在开始之前，让我们先暂停一下，总结一下神父在整个故事中表现出的一些品质。

布朗神父的主要兴趣是在精神层面的探索，但这并不意味着他对世俗生活视而不见。在一个又一个的故事中，他都找到了成功逃过警察眼睛的真实证据。他会毫不迟疑地趴在地上检查草叶或是地毯纤维。他很快发现了证据，证明了在河边发现的尸体是在别处谋杀的。他可以从一截没被破坏的香烟头上推断出时间线索。事实上，相比夏洛克·福尔摩斯，在对犯罪现场进行细致入微的观察这一方面，布朗神父毫不逊色，只是他选择对此保持缄默。

在对罪犯的外貌特征的深入研究中，布朗神父将他多年在忏悔室中获取的洞见加入对人类行为的分析中。他对人性的理解富有同情心和同理心，实际上这两点让他有机会进入罪犯的心理世界，将他们识别出来。他说："就像有人知道蜗牛弯弯曲曲的足迹一样，我也知道人性中九曲回肠的大致样貌。"

这项技能使他不仅能指认有罪的人，还能赦免无辜的人。他可以通过观察一个人的基本性格来预测这个人的行为。同样，他也可以通过对现场物件的观察来推断人物的性格。因此，一旦手头上的事实与最初被指控犯罪的人的性格不符，他立刻就能知道。

除了对物证的观察、对人心的洞察之外，布朗神父还加入了第三个视角。由于找不到合适的词来形容，我们姑且称之为直觉。这种坚实的直觉有时会和常识相违背。布朗神父的直觉来自他掌握了有关世界运行和人类行为的知识，以及内在的智慧和对善恶的深层感知。

布朗神父独自在一家会员餐厅俱乐部的一个私人小房间

> 直觉是你不错的朋友，请一定相信它。

里工作，忽然他听到走廊里传来了两组脚步声。"有那么一个瞬间，他闻到了邪恶的味道，就像狗闻到了老鼠的气味一样。"不寻常的事情正在发生，是什么事情呢？当俱乐部的一名成员在匆忙中离开，误把布朗神父当成了收放外套的店员时，直觉在那一瞬间告诉了他答案。"就在那一刻，他失去了思考和理性，他的大脑总是在不用的时候才最有价值。在直觉降临的时刻，如果你问他 2＋2 等于几，他会告诉你等于 400 万。"

从一所被抢劫过的房子的窗户里，他看到了一张幽灵般的脸；花园里发现了一具尸体，脸上戴着假胡子。这是两个人，还是一个人？布朗神父立刻就知道了答案。"他有一套全新的套装，我越想越觉得这一点很有趣。通过理性的思考，我领悟到了真相所在，尽管之前通过直觉已经知道了。"

观察物证，洞察罪犯的内心世界，再加上直觉的闪现，把所有这些要素综合在一起，布朗神父准确无误地找到了真相，真相往往取决于另外一种解释，不像表面看上去那么明显。正如他曾经在评论中挖苦地说："一根笔直的棍子似乎指向了真相，但另一端指向的是相反的方向，是否能破案，取决于你能否抓到正确的一端。"

他能看到这些不同的解释，源于他有一颗乐意去探索真相的心，他用开阔的视野和广博的思想来接近和解开神秘事件的内幕。警方在调查苏格兰贵族失踪案的时候完全被困住了，因为找到的证据是一堆莫名其妙、毫无意义可言的东西。布朗神父却平静地说："我们本身就拥有真相，但真相毫无意义，除非有完整的推论。"然而，从一个不同的角度来看待这些稀奇古怪的事实，他就能发现一条将它们连接起来的清晰线索。

布朗神父和他的朋友弗兰博拜访了一个有着异国情调的家庭，他有一种很不安的感觉，事情不是表面上看起来的那样。"我们站在了错误的那一面，事情发生在这里似乎没有意义，但它们在别的地方就有了意义。在其他的地方，真正的罪犯将受到惩罚；而在这里，惩罚会落在无辜的人身上。"

我们遇到过擅长收集证据，但在解释证据时却很吃力的官方调查人员，也见过传奇的业余侦探，如杜邦、福尔摩斯，他们一丝不苟地收集证据，并以出色的逻辑思维做出分析。而布朗神父，还加上了一条"道德推理"的元素，他用清晰的思维和同情心来解开谜题。正如切斯特顿的一位现代崇拜者所说："夏洛克·福尔摩斯是和罪犯的身体战斗，布朗神父是和罪犯心中的魔鬼战斗。"

他的目的并不是把罪犯送进监狱，而是希望对方能得到灵魂的救赎。在切斯特顿的一些故事中，例如《错误的形状》《上帝之锤》中，凶手都被说服去自首。布朗神父凭借超乎寻常的洞察力，找出了在一家晚宴俱乐部盗走贵重银器的人，但他没有把窃贼交给警察局，而是说服对方改邪归正。

有时，神父会考虑到正义更为宽容的一面，干脆就放走了凶手，他相信罪犯的良知和上帝的仁慈。这个立场在名为《阿波罗之眼》的故事中体现得十分明显。当罪犯就要逃脱时，已经站在法律这一边的弗兰博问："我应该去阻止他吗？""不，"布朗神父说，"让他走吧，让凶手回家吧，他是属于上帝的。"他说这句话时，带着一声意味深长的叹息，那声音仿佛来自宇宙的中心。

如果我们要找一个准确的词来形容布朗神父身上的强大品质，我想可以用"智慧"这个词。这应该没有错。

我接下来要提到布朗神父的又一个优点。事实上，这点并不是作为侦探的必备品质，我只是忍不住想要赞叹切斯特顿通过布朗神父传达出的一种迷人的幽默感。让我们从众多案例中找出两个例子来：一名调查人员逮捕了一个男子，认定他是在逃的罪犯，他涉嫌偷窃一名警卫的子弹，意图谋杀当地的一位百万富翁。布朗神父说："他的推断很快，令人印象深刻。但是，罪犯有枪吗？我可是听别人说，如果没有一把枪，子弹就发挥不了它这一半的作用。"一名男子的尸体在他自家的花园里被发现，他是如何被谋杀的？在一众调查员中，只有布朗神父以正常的方式走进屋子，最终解开了这个谜题。他解释说："获得真相的关键在于，我是从前门进来的，这是我常用的进门方式。"

还有一个例子，故事的笑点就隐藏在标题中：《不在场的格拉斯先生》。一名年轻女子爱上了她母亲的一位房客，但经常担心他的安全问题。她无意中听到一位名叫"格拉斯先生"（Mr. Glass）的客人正在和她的心上人激烈争吵，还听到她的心上人在喊叫："没错，格拉斯先生"，"不要这样，格拉斯先生"。她很着急，但又打不开门，只好从窗户往里边看，发现她的心上人正蜷缩在一个小角落里。她迫切需要布朗神父的帮助。后来，门被强行打开了，现场有一把闪耀着致命光芒的剑，就像是刚发生过一场恐怖的搏斗，还有一个被捆着的年轻人，此刻一脸的沮丧。

笑话是这样的：这个年轻人正在自学魔术，包括腹中吞剑和全身逃脱术。那位神秘而危险的格拉斯先生是谁呢？他其实从未存在过。事实是，这个年轻人正在用水杯练习玩杂耍，他经常在沮丧的情绪下大叫："哦，不，又玩砸了一个杯子（glass）。"

作为一名神职人员，我们可以假设布朗神父对赚钱没什么兴趣。然而，正如你将在下一章中所看到的那样，将布朗神父的许多特殊技能转化为聪明投资者的指导方针是可行的。

正如你将在第7章中看到的那样，布朗神父以一种独特的方式看待一个案件，为投资者提供了几条重要的经验。他采用的方法中最重要的要素已经在本章前面的段落以及开头对《蓝色十字架》更详细的讲述中描写过了。现在，我想通过告诉你们三个故事的精华的方式来更深入地探讨布朗神父的方法。需要说明的是，我这样做远不如你自己去读原著效果好，但至少可以起到鼓励你去读原著的作用。

布朗神父投资指南

1. 仔细观察情况，尽一切努力收集所有线索。

2. 培养对无形资产的理解。

3. 利用有形和无形的证据，全面了解潜在的投资，直到你可以诚实地说，你对它们已经了如指掌。

4. 相信你的直觉，直觉是非常宝贵的。

5. 对可能发生的其他事情保持开放的态度，对最初出现的新情况保持敏锐。记住，真正的真相可能隐藏在表象之下。

事情并不总是表面看上去的那样

　　布朗神父的思维中还有一个方面和投资者相关——"事情并不总是表面看上去的那样"。他总是能以某种方式穿越迷雾，揭开事情发生背后的实质，尽管这种解释和最初发现的证据，或最明显的那个解释互相矛盾。当别人被困在错误的路上时，他是如何设法找到另外一种解释的？先听我讲一则关于"飞鱼"的故事，你就能明白了。

　　有一个非常富有的人，名叫珀尔格林·斯马特（切斯特顿喜欢给他笔下的人物起一些稀奇古怪的名字），只要有人愿意听他讲金鱼的故事，他就会夸夸其谈起来——金鱼其实是用纯金做成的鱼形小饰品，放在一个漂亮的威尼斯玻璃碗里。斯马特的朋友和员工都提醒他在炫耀金鱼的价值时要更谨慎一些，把它们放到更安全的位置，但他总是不予理睬。每天晚上，他都会把金鱼碗搬到卧室旁边的一个小房间里，睡觉时枕头下放一把枪防身。

　　当斯马特先生因为工作原因离开家时，他安排私人秘书和办公室的首席职员睡在他的卧室里，以保护自己的金鱼宝贝。夜里的某个时刻，秘书被一阵音乐声吵醒了，他发现职员已经先他醒了，正站在阳台上对着楼下街上的小偷大喊。职员让秘书留在阳台上看着，随后自己冲下楼去。他在楼下发现了一个光着脚的陌生人，从头到脚穿着一件像是沙漠里的贝都因人的衣服，弹奏着一种不同寻常的弦乐器。那个陌生人说："我有得到金鱼的权利，它们会来找我的。"说完这句话，他发出了一声命令，在乐器上敲出一个很尖锐的声音。话音刚落，只听那个养金鱼的房间里传来异样的声响。秘书进去一看，鱼缸摔碎在了地板上，金鱼不翼而飞了！

一位警察被叫来开展工作。他细致地查看了现场，测量了所有的东西，记录下每个人的证词，提取了每个人的指纹，摸清了每个人的情况，最后得出了一个令他无法相信的事实：一个从沙漠中到来的阿拉伯人走在路上，停在了一个放着装金鱼的碗的屋子前面。他开始歌唱，吟诵一首小诗，那个碗就像炸弹一样爆裂，金鱼凭空消失了。

有个研究科学的邻居，很快意识到这个碗是被那把奇怪的小提琴发出的响亮而刺耳的声音击碎的。但是，金鱼怎么样了？布朗神父开始介入案件。

在接受警察的请求之后，布朗神父仔细地查看了房子四周。他很快发现，斯马特的家和邻居之间的红色软土上没有脚印，这意味着邻居们可以排除嫌疑——用现代术语来说，他断定这事一定是内鬼干的。他还确定，前门上的铁条只有在关着的时候才会发出声音，而不是在打开的时候。布朗神父的天才总是体现在他能抓住小细节的重要性方面。

然后，他邀请年轻的秘书"再到房子外面来一会儿，我想从另一个角度向你展示它的样子"。他的意思既是字面上的，也含有比喻的意义：从下面的街道向上看阳台，也就是从一个新的角度看情况。

我不会透露这个街上的陌生人是如何利用他怪异的歌声让鱼在空中飞行的。但是，布朗神父知道发生了什么，他鼓励这位年轻的朋友从另一个角度看问题，帮助他理解。显然，金鱼不会飞，用金子做的金鱼更不会，所以答案肯定在别的地方，只有从不同的角度才能看到，只有那些愿意从新的角度看问题的人才能看到。这点对投资者和侦探来说都是一个有用的方法。

在本章的前面，我们提到了布朗神父具有一种非凡的能力，他可以进入罪犯的心理世界，将其识别出来。一个尖酸刻薄的美国人迫使他透露了这个秘密：在警察无能为力的情况下，他是如何解开影响力很大的犯罪案件的？布朗神父本来试图回避这个问题，但是当审讯者暗示神父一定有神秘力量时，他叹了口气，用一种沉闷的声音说："很好。我想我必须要说出这个秘密了。"

你看，亲手杀死他们的正是我，所以我当然知道是怎么回事……

每一次犯罪，我都是经过了精心谋划。我曾经想过这样一件事究竟该怎么做，一个人用什么样的方式、处在什么样的心理状态才能做到这一点。当我十分确信"我就是凶手"时，我当然知道他是谁。

这位善于辩论的美国人轻率地认为布朗神父正在使用比喻手法，布朗神父则愤怒地回应："这就是我们正在试图讨论的深刻事情。我的意思是，我的确看到了我自己，真正的自己，执行了这次谋杀。"

这位美国人没有被唬住，随后试图将话题引向侦探的科学性。布朗神父再次打断了他，这是他最雄辩的时刻之一。

当你能得到它的时候，科学当然是伟大的。但是，这些人到底是什么意思，十有八九……当他们说侦探是一门科学的时候？他们的意思是无须走入人的内心，只要把他当作一只巨大的昆虫一样研究就可以。你想知道的那个"秘密"恰恰与此相反。我不会尝试走出人的内心去找线索，相反，我会走到凶手的心里去。

其实远不止这些，你难道还没看到吗？我就在一个人的身体内。我总是在一个人的身体内，动着他的胳膊和腿。但是，我一直等待着，直到我完全进入罪犯的身体，思他所思，想他所想，和他的欲念缠绕在一起。直到我像他一样，弯下腰，弓着背，凝视着，眼神里充满着仇恨。直到我用他那双充血的、缓缓转动的眼睛，在半梦半醒之间注视着这个世界。直到我抬头看向天空，在狭窄而锐利的视线里，一条笔直的路正在通往一片血泊。直到最后，我真正成为了杀人犯。

得益于这种对人心的深刻洞察，布朗神父可以确定他正凝视着的是不是罪犯。同样，对一家公司的深入了解将帮助投资者判断他们正在研究的是一笔好投资，还是一笔有问题的投资，这一点我们将在下一章详细讨论。

最后我再讲一个故事，接下来你们就自己去阅读吧。《三种死亡工具》似乎很适合作为本章的结尾，因为它包含了我们一直遵循的几个特征：良好的侦查技巧、对人性的洞察、直觉的力量以及对"事情并不总是表面看上去的那样"的认识。

一位知名的公众人物被谋杀了。他的尸体在铁路口的堤岸处被发现，头骨碎了，一条腿上缠着一截绳子。布朗神父到了现场，他相信受害者是从一个很高的窗户被扔下去的——窗户上还挂着一模一样的另一截绳子。第一个发现尸体的仆人还发现了受害者的女儿藏在了阁楼的房间里，手里紧握着一把刀。

在阁楼的房间里，警察立刻发现了有人搏斗过的迹象；地上还平放着一把左轮手枪，刚开过火。阁楼房间是死者秘书的办公室，枪和绳子都是属于他的物品。他向警方自首，声称喝醉了酒，怒火中烧，杀死了这名男子，并提供了一个打翻的威士忌酒瓶作为证据。

与此同时，布朗神父对现场进行了侦查，他"手脚并用跪在门口的地毯上，像是在做某种不庄重的祈祷"。他平静地对警察说，起初似乎没有武器，现在有了三件："刀用来行刺，绳子用来勒死，手枪用来射杀。最终，他从窗户上摔下来，摔断了脖子。"

布朗神父站在地板上，用福尔摩斯一定会同意的清晰逻辑继续说：

> 还有三件不可能发生的事情。首先是地毯上的这些洞，这是六发子弹射入的地方。为什么有人会对着地板开枪？一个醉汉朝敌人的脑袋开了一枪，那个家伙朝他咧嘴笑。他既没有乱跺脚吵架，也没有踩着拖鞋。接着是绳子……在什么情况下，有人会想把绳子套到另一个人的脖子上，最后却套在他的腿上呢？最后一个很简单，就是那个威士忌瓶子……先生，非常抱歉地说，你讲的故事真是一派胡言。

依靠那种在别人看来简直不可思议的直觉，布朗神父弄清楚了威士忌酒瓶的真正含义。这个死去的可怜人，虽然生前表现得很快乐，活力满满，但实际上已经陷入了绝望，开始饮酒。布朗神父考虑到了这种可能性，因为他深谙人性，知道表面的快乐往往是虚假的。布朗神父指出："缺少幽默感的快乐，是一件令人十分难受的事情。"

当布朗神父提醒这位年轻的警察，这个家庭中的人都不快乐的时候，他注意到"警察的心中开了一扇窗，让我们看到了他惊奇的光芒，这是我们第一次看见，尽管一直都知道"。于是，这位警察在布朗神父的指导下，开始对人性有了直观的了解。

布朗神父能通过对人的观察勾勒出真相。在警察离开后，他和死者的秘书，还有女儿交谈，此时才把所有的证据拼在了一起，找到了说得通的解释：死者并非死于谋杀，而是自杀。秘书试图阻止他使用左轮手枪，于是把所有的子弹都射向了地板，随后用套索套住他的老板，防止他跳楼。就在此时，死者的女儿被叫喊声吸引过来，冲进了房间，她误以为秘书想勒死父亲，于是拿起一把刀，割断了绳子，她那可怜的父亲就这样冲向地面，迎接了他渴求已久的死亡。

布朗神父不像福尔摩斯那样为现代读者所熟知，切斯特顿也不像爱伦·坡那样广受欢迎。在我看来，这是个巨大的遗憾，因为这些故事写得很好，情节构思巧妙，对话令人沉醉，还有文采飞扬的描写段落。顺便再说一句，这些故事中的一些独到的见解，对今天的投资者同样价值连城。

布朗神父相关的故事共有 53 篇，它们都非常令人着迷，值得我们关注，如果有足够的篇幅，我将很乐意全部讲给你们听。现在，我强烈建议你亲自去阅读这些故事，品味布朗神父的人生智慧，欣赏作者娴熟自如的写作才华。

华尔街的布朗神父

花园谜案

　　布朗神父说："我的第一个案子，是一个关于一个人的头被砍掉的私密故事。"这个案件在《秘密花园》的故事中有描述，它是我最喜欢的悬案之一，地点在巴黎警察局长阿里斯蒂德·瓦伦丁的家中，时间是晚餐开始前不久。瓦伦丁正在举办一场晚宴，出席的客人包括加洛韦勋爵夫妇以及他们的女儿玛格丽特、圣米歇尔山公爵夫人和她的两个女儿、法国科学家西蒙医生、法国外籍军团奥布赖恩司令、美国千万富翁朱利叶斯·布雷恩，以及布朗神父。

　　瓦伦丁的住宅，从建筑学上来看是不同寻常的。它坐落在塞纳河岸边，是一座很古老的房子，屋子外围是高大的围墙和杨树，里面有一个精心养护的大花园。尽管从外面进入花园有好几个入口，但从花园里出来，必须要重新回到房子里，而离开房子唯一的出口就是走前门，那里由瓦伦丁的仆人伊万把守。花园的围墙很高，很平滑，难以攀爬，即使有人想办法爬上了围墙，他面临的也是一排环绕的尖锐铁钉，没有立足之地。所以，如果有人想通过围墙进入花园，几乎是不可能的。

晚饭过后，客人们都回到了客厅，除了奥布赖恩司令和玛格丽特，他们都向花园中走去。加洛韦勋爵觉察到司令官正在勾引自己的女儿，便找了个借口离开众人，去花园里找他们。然而，他没找到女儿，却发现了一具血迹斑斑的尸体，脸朝下，躺在草地上。他大声呼叫，将瓦伦丁、西蒙医生、布朗神父吸引到了花园。当医生弯腰检查尸体时，发现其头颅完全掉了下来。

现场的人立刻发现这是个难解的谜题：死者是怎么进入花园的？他不可能从前门绕过伊万，也不可能从围墙翻进来。此外，是谁杀了这个陌生人并砍下了他的头颅？凶手是如何从花园逃脱的？

《秘密花园》是个绝好的故事，我不想完全揭开这个秘密，提前破坏你的一场探险。那就先透露一小点儿，让我们设想下：花园里被杀死的那个男人，从来没有来过花园。

在《秘密花园》中，我们可以看到爱伦·坡和柯南·道尔的影子。当医生抬起死者的身体，发现头颅与身体分开时，我立刻想起了《莫格街谋杀案》中可怜的爱斯巴奈雅夫人。当瓦伦丁跪在地上，仔细查看那些草地上的凹痕和散乱的树枝时，我不由得想起了我们的朋友福尔摩斯。但我最喜欢《秘密花园》的地方，以及我认为研究布朗神父十分重要的原因，在于它提供了一种侦探思考问题的方式。布朗神父再次展示了他一贯低调、谦和的办案风格，找到了一个巧妙的突破口，解开了这个看上去无解的谜团。

《秘密花园》首次面世是在 1910 年夏天的《周六晚报》上，后来被收录在 12 个故事的合集中，以书名《布朗神父的清白》出版。埃勒里·奎因称这本书为"1911 年出版界的奇迹"，侦探小说的粉丝们终于迎来了新的崇拜对象。

毫无疑问，夏洛克·福尔摩斯在 20 世纪前 10 年的侦探小说中占据了主导地位。但是，当柯南·道尔不再写作探案系列之后，追随其后的作家们普遍认为，要创作一部优秀的推理小说，必须想出更多令人困惑和费解的情节，让故事情节更加细致入微。简而言之，模仿福尔摩斯的侦探们仍然在柯南·道尔开辟的胡同中徘徊。直到切斯特顿的布朗神父横空出世，侦探小说才拥有了真正的新方向。

在前一章中，我们了解到切斯特顿辉煌的创作生涯，他的作品横跨宗教、经济、历史、旅行、社会正义、文学等多个主题。事实上，切斯特顿首先是一位令人尊敬的文学评论家，随后他才将自己的才华挥洒在推理小说领域，为后人开辟了新的道路。

切斯特顿的所有作品都很喜欢使用悖论，他提出一个看似互相矛盾的陈述，最终成为表达真理的最佳方式。在布朗神父的一些故事中，切斯特顿描述了一些看似很普通的事件，最后揭示出非同寻常的启示。而在另一些故事中，他反其道而行之，用不同寻常的解释来解决一个谜题，最后揭示的结果却十分普通。当我们从多种文学手法中跳出来，就足以认识到一点，即切斯特顿笔下的神父非常善于理解"事情并不总是表面看上去的那样"。

金融分析的历史演变

如果想成为一名优秀的投资者，那么，基本的要求就是你要有能力识别出来市场价格何时反映了公司的内在价值，何时没有。如果你相信当前的市场价格准确反映了公司价值，我们就可以这么说，"事情就像表面看起来的那样"。股价和价值是一比一的关系。

但如果你的分析结果显示，公司的真实价值高于或低于市场给出的价格，那么我们可以说："事情不是它们看上去的那样。"如果你的目标是获得超出股市大盘的回报，最低限度的要求是，你要能够识别出事情是否如它们表面看上去的那样。

当本杰明·格雷厄姆和戴维·多德在 1934 年合作撰写他们的开创性著作《证券分析》时，他们给投资者提供了一个参考标准，用来判断一只股票相对于其价格是被低估还是高估。《证券分析》中提出的基本准则是这样的：投资者的任务是计算一家公司的账面价值，买入时支付低于账面价值的价格。格雷厄姆说，因为大萧条已经抹去了大多数公司的利润，所以唯一确定价值的方法就是将公司的硬资产加起来，然后给它们一个合理的市场估值。当投资者试图在每股 1 美元的股票 A 和同样每股 1 美元的股票 B 之间做出决定时，应该首先计算每家公司的账面价值。如果股票 A 的账面价值是每股 2 美元，股票 B 的账面价值是每股 50 美分，那么聪明的投资者自然会选择股票 A。

随着时间的流逝，大萧条带给经济的重创开始减退，公司重新回归盈利通道，一些公司开始给股东派发股息，股息收益率成为决策中的另一个因素。当时政府国债的利率很低（1% 或更低），公司的普通股的股息收益率如果达到 8% 以上，就会被认为很有吸引力。现在再看公司 A 和 B，假设两家的账面价值都是每股 2 美元，但股票 A 支付 8% 的股息，而股票 B 不支付股息，我们的选择就很明确：股票 A 是更好的投资。

当然，对今天的投资侦探来说，确定账面价值和股息收益率已经不是最高优先级的工作，但在 20 世纪 30 年代，这种分析是确定价值的核心。对我们追求的目标而言，更为重要的是，上述简短的历史总结有助于我们理解市场中会出现的差异，以及如何利用这点实现盈利。以股票 A 和股票 B 为例，如果两只股票的账面价值相同，但派息不同，那么尽管它们的市场价格相同，我们仍然可以说：“事情并不像它们看上去的那样。”尽管市场对这两只股票的看法相同，但分析显示它们确实有差异。

让我们沿着这个思路继续前进。分析师很快就发现，如果一只股票的价值在很大程度上由它的股息收益决定，那么弄清楚这家公司将来的利润就变得十分重要，毕竟公司派发的股息来自未来的利润。所以，如果股票 A 和股票 B 的定价和账面价值均相同，股息收益率和每股收益也相同，但股票 A 的利润增长速度超过了股票 B，那么投资者选择股票 A 是明智的。

约翰·伯尔·威廉斯在 1938 年所做的工作，为人们计算公司未来的利润提供了帮助。他的名著《投资价值理论》为投资者提供了使用数学方法确定股票价值的路线图。60 多年后，股息贴现模型仍然是最好的，也是传授最广泛的计算价值的方法。

但是，威廉斯的公式关注的是股息，因为股息是股东们获得的现金回报。投资者很快就意识到，公司价值最重要的变量来自公司未来的利润。许多人认为，这条经验被 20 世纪最成功的投资家巴菲特灌输到了投资者的思维中。巴菲特提醒投资者，决定股票价值的不仅仅是公司的股息，还有公司留存的利润。

巴菲特还帮助投资者理解了现金收益相对于公认会计准则（GAAP）收益的价值。他经常声称，自己作为一名投资者的成功，得益于自己同时也是一名企业家的经历——这种经历让他从企业主的角度看待收益。他说，企业家只对企业在一段时间内赚到的现金感兴趣。使用 GAAP 计算每股收益并不总是能准确反映公司的真实现金收益，因为 GAAP 不从它们的收益中调整资本支出或非现金费用。

因为 GAAP 要求从收益中扣除摊销和折旧（两者都是非现金费用），所以有时计算出的每股收益会低估实际收入。然而，由于 GAAP 对于收益的计算没有考虑到公司为了维持同样的销售和收入水平需要再投资的金额，所以 GAAP 统计的收益又有夸大公司实际收入的倾向。投资者要想真正了解一家公司的价值，唯一的方法是调整资本支出和其他非现金费用，使用威廉斯的股息贴现模型，估算公司未来现金收益的贴现现值。

如果股票 A 和 B 的账面价值和股息率一样，每股收益和预期未来的收益增长率也一样，且市场价格都是 10 美元一股，我们能说它们的价值一样吗？根据巴菲特的理论，我们还不能回答这个问题，除非计算出了每家公司真实的现金收入。如果股票 A 的现金收入是每股 1 美元，股票 B 是每股 50 美分，那么即使市场价格相同，它们的实际价值也不一样。在这里，我们再一次体会到：事情并不总是表面看上去的那样。

巴菲特购入可口可乐就是一个很好的例子，它向我们展示了一名善于分析的投资者是如何确定价值，判断出股票市场对一只股票的定价是不是存在错误。1988 年，他投资 10 亿美元，以账面价值的 5 倍买入这家股息率低于市场平均水平、市盈率高于市场平均水平的公司。此次收购看上去非常明显地违背了价值投资者的基本原则。价值投资者遵循的是格雷厄姆的教导，即寻求购买股息率高、市盈率低、价格与账面价值之比低的公司。无论从哪项指标看，巴菲特似乎都违背了这些戒律。一些人认为，当巴菲特收购可口可乐时，他背弃了自己的老师定下的准则。

巴菲特计算了可口可乐公司的现金收益，并很快确定它们远高于公司披露的每股收益。当他运用威廉斯的股息贴现模型，将保守预估的增长率代入公式后，他发现可口可乐在股票市场上的定价明显低于自己估算出的公司实际价值。事实上，假设 10 年内的现金收益增长率是 10%，之后的 10 年内是 5%，他计算出可口可乐的售价只是其价值的一半。如果对未来增长率略加乐观一些，设定为 12%，公司的价值则被低估了 70% 之多。

　　巴菲特购买可口可乐后，该公司的表现如何呢？12 年之后，他当初投资的 10 亿美元价值飙升至 100 亿美元。在同一时期，如果投资 10 亿美元于整体的美国股市，那么得到的价值是 50 亿美元。事情并不总是表面看上去的那样，规律再次显现。

　　在第 5 章中，我们分析了戴尔公司的故事，提出了一项投资者应重视的财务指标：资本回报率。一家公司的资本回报率直接影响其价值。为了做比较，让我们假设股票 A 和股票 B 的每股收益同样是 1 美元，同时预期未来两者保持相同的增长率，股票市场对这两家公司的定价也是相同的。你的分析显示这两家公司使用资本的成本都是 10%。股票 A 的总资本是 5 美元，而股票 B 是 20 美元。那么，哪只股票更有吸引力？通过简单计算即可发现：股票 A 的资本收益率是 20%，远高于其使用资本的成本；而股票 B 的资本收益率是 2%，远低于其资本的成本。然而，市场对这两种证券的定价是相同的。你又发现了另一种情况：事情并不总是表面看上去的那样。

　　本节简要回顾了金融分析的历史演变，旨在帮助你认识到，一名优秀的投资侦探通过理性分析，可以发现市场对证券正确定价和错误定价的时间段。但如果我们要使用布朗神父"事情总有另一种解释"的投资法，还需要继续深入挖掘。

如何确定无形价值

当一个善于分析的投资者能够识别出账面价值、股息、每股收益、每股现金收益、资本回报率之间的差异时，我们可以说他已经掌握了初步的金融侦探知识。但到这里为止，我们的研究领域仍然主要是集中在物证上，也就是说，还是在福尔摩斯探案法的范围之内。而我们从布朗神父身上学习到的是，他采用的方法超越了仅靠物证的层面，考虑到了也许可以称为无形价值的证据。

无形价值的概念一直困扰着华尔街。一直以来，投资都被视为一种有关加减乘除的数学练习，一个充满了表格和小数点的世界。投资者以数学计算引以为傲，倾向于将无法用数字描述的因素排除在外。无形价值难以被评估成我们习以为常的数字形式，许多人相信"那些不容易衡量的因素，却经常被衡量得很失败。"正因为这个原因，许多投资者面对无形价值的考量倾向于避而不谈，他们更喜欢可以用数字衡量出来的价值。

> 每一宗犯罪都取决于某人未能及时觉醒，从普遍意义上来说，我们中的大多数人都觉醒得太迟。
>
> ——布朗神父
> 《飞鱼之歌》

如果你下定决心要接受挑战，衡量出无形价值，一个简单的入手方法是提出这样一个问题："公司管理层的价值是什么?"

金融界的一些人士认为,要想精确衡量出管理层的价值是不可能的,因此,公司的管理团队对确定价值影响不大,应避免将其考虑在内。另外一些人士则认为,管理层的价值已经通过公司的财务报表体现出来,如果你试图再加上这一项,属于重复计算。但沃伦·巴菲特的看法和他们都不一样。

巴菲特认为,当你想确定一家公司的价值时,对管理层的评估是中心环节。他想要寻找的管理层必须是诚实、坦率、理性的,同时有能力抵御惯性驱使,避免像盲目的旅鼠一样追随当前的流行趋势。当然,如果让你给诚实、坦率、理性这种品质标出价格来,确实会遇到麻烦。然而,我们的任务是评估公司的价值,不能因为计算不方便,就忽略这些重要的价值属性。

举个例子,假设股票 A 和股票 B 定价相同,财务数字上的表现也相同,比如账面价值、股息、现金收益、资本回报率。然而,当你研究这两家公司的季报和年报,阅读财经杂志和报纸上有关高级管理层的专访时,你可以清楚地看到,A 公司的管理层谈到公司的成功和失败时都很坦诚。他们坦率而公开地谈论以前犯下的错误,明确阐述为股东创造价值的逻辑。相比之下,B 公司只给你报道好消息,他们运营的公司没有一丁点问题,也从没有犯过任何管理上的错误。

既然前提是两家公司的财务状况相同、定价相同,那么哪一家的价值更高呢？巴菲特认为是 A 公司，他给一个诚实、敢于承认错误的管理层赋予了很高的价值。巴菲特说，没有任何一家公司的运行是完美无缺的，犯错总是会有的，而公开承认错误的团队，大概率不会在同样的坑里摔倒第二次。他接着说，如果你不承认自己的错误和缺点，就有把问题掩盖起来的倾向，最终没有人察觉到，那就为下次再犯同样的错误埋下了伏笔。

以上对管理层价值的简短讨论，是为了给人们提个醒，有些东西虽然难以用数字衡量，但不代表没有价值。我们想要研究布朗神父的原因是：他从内心深处欣赏心理学，喜欢研究人类行为，这使得他十分看重无形的东西；而福尔摩斯只对有形的证据感兴趣。一个花了超过半生的时光聆听众人忏悔的人，自然对人性会多一些了解，也正是这些十分有益的洞察力，对布朗神父开展侦探工作很有帮助。

当投资遇上心理学

正如布朗神父利用心理学解开谜题一样，投资者也可以依靠对人类行为的研究寻找被错误定价的股票。尽管本杰明·格雷厄姆被公认为在用数学方法确定股票价值上贡献巨大，但同时，他也投入了大量的时间研究股票市场上的人类行为表现。在《证券分析》和《聪明的投资者》这两本书中，格雷厄姆都在提醒我们，想要成为一名成功的投资者，需要考虑两个部分：其一，确定股票的财务价值。其二，意识到投资者被心理因素扰动时，可能会发生决策失误。格雷厄姆最著名的一堂课就是围绕"市场先生"这个中心概念展开。

格雷厄姆说，你可以把市场先生当作商业伙伴，你和他拥有同一家公司的股份。每一个交易日，市场先生都会出现，询问你是否愿意卖出自己的股票，或者买入他的股份。市场先生的心情起伏不定，某些日子他会给你报出很高的价格，另外一些日子的出价则低于你对公司的价值评估。最重要的经验是，市场先生可不是你的老板，他不会告诉你该怎么做。无论投资者是决定利用它的报价，还是无视它，市场先生都不收费。格雷厄姆最后警告说，但是，如果投资者的行为受到了"市场先生"的影响，那么后果将不堪设想。

早在格雷厄姆写作第一本书的 100 年前，对市场群体行为的研究就出现了。1841 年，查尔斯·麦基写了一本书，书名叫《大癫狂：非同寻常的大众幻想与群众性癫狂》。他在书中警告人们，像 1636 年郁金香热潮这样的投资泡沫，是由周期性爆发的群体狂热引起的。法国社会学家勒庞对麦基的理论进一步开展了研究，他在 1895 年的作品《人群》一书中指出，尽管不同个体之间方方面面的差异很大，但他们一旦组成群体，心理结构就会发生转变。勒庞指出，个人一旦加入集体，就会体现出集体的行为，这和他们单独行动时很不一样。群体一旦有效集合起来，就会形成排山倒海的力量，对个人的感染力超乎想象，以至于迫使个人宁愿牺牲自己的利益来换取集体利益。

想要对现代股市中的群体行为有更深入的了解，或许你可以看看罗伯特·希勒的《非理性繁荣》。这本书出版于 2000 年，不久之后，世纪性的互联网大泡沫就破裂了，令投资者遭受了重大损失。

今天，有一门研究投资心理学的学科，名叫行为金融学，这个学科在 1985 年萌芽于《金融时讯》上的两篇具有里程碑意义的论文。第一篇由维尔纳·德·邦特和理查德·泰勒撰写，标题叫《股市是否反应过度》。两位作者认为，无论消息是好是坏，投资者都倾向于对新的消息过度反应。正因为这一点，投资者的集体行为使得股票的价格往往远高于或低于公司的财务基本面。

第二篇论文的标题是《过早卖出赢家，长期持有输家的心理倾向：理论和依据》。作者赫什·舍夫林和迈尔·斯塔特曼描述了他们讨论的处置效应：投资者倾向于迅速卖出他们持有的赢家，而对他们持有的输家紧抓不放。

心理学看似不属于投资的范畴，但如果你像布朗神父一样思考，很容易就会发现，它为投资者理解股票的价格和价值提供了重要的见解。一旦缺少对人类心理学的把握，投资者将如何理解和公司基本面无关的莫名其妙的股价下跌？表面看上去这无法解释。如果投资者没有接受过行为金融学培训，那么他会不会误以为公司出现了严重问题？股价变化将会引导投资者重新分析公司的实物价值，以便得到合理解释吗？一名学过心理学的投资者，有能力识别出公司被市场定价的合理与不合理之处，并抓住机会获利吗？

自从 1985 年开始，心理学家和金融专家投入了相当多的时间努力研究心理学和投资之间的关联。行为金融学领域涌现了相当多的研究报告、期刊论文和出版书籍，为投资者阅读和研究该领域提供了丰富的精神食粮。我相信任何投资者如果愿意花时间学习、吸收这些知识，都将会获得和布朗神父同等的对人性及其可能影响的洞见，而这些是神父聆听了成百上千的人的忏悔之后总结出来的。正如布朗神父将心理学和探案相结合，极大地提高了他解开谜题的能力一样，投资者也可以效仿他，将对心理学的研究和对财务报表的分析结合起来，提高投资表现。

今天，许多金融分析师正在尝试将我们称为"无形"的证据纳入自己的投资体系。他们在确定公司的价值时，大多数人会把对管理层的评估考虑在内，同样纳入其中的，还有市场心理对股价的影响。尽管对公司管理层和行为金融学的判断缺乏像获取公司的每股收益一样的数学上的精确性，但这些无形的金融变量对投资者建立完整的思考体系却很有用。

然而，如果我们认为无形价值只包括评估管理层和行为金融学，那就太短视了。对投资者来说，可以被列入无形价值清单上的项目还有很多。我相信，探索其他学科将给我们带来更多的见解，发掘出更广泛的无形价值，长期来说，投资者将受益于此。迈克尔·莫布森的研究强有力地体现了这一点。

被忽视的价值驱动因素

迈克尔是瑞士信贷第一波士顿银行的总经理，同时也是该公司的首席美国投资策略师。他在职业生涯中积累了无数的奖项，包括被提名为机构投资者全美优秀研究团队成员。此外，他还是哥伦比亚大学商学院金融学兼职教授，并和艾尔弗雷德·拉帕波特合著了一本重要的投资书籍《预期投资》。简而言之，迈克尔是一位研究分析师、教师、作家。最重要的是，他是一位思想家。

熟悉迈克尔的同事、客户和朋友很早就知道他注定是个开辟道路的人，探索新的问题，提出创新的想法。在第一波士顿公司担任食品行业分析师期间，迈克尔开始撰写一份名为《金融前沿》的研究报告，内容长达十几页，详细描述他对投资过程的重要想法。他的第一本投资专著名叫《竞争优势期

（CAP）——被忽视的价值驱动因素》。

关于 CAP，迈克尔解释道："它指向的是一段时间。在此期间内，该公司新增投资的收益将超过其投入的成本。"随后，他比较了 20 世纪 80 年代几家主要的食品公司，以确定哪家的 CAP 数值最高。平均来看，这几家公司在 1982 年的 CAP 数值是 8.6 年。到了 1989 年，这一数值上升到 17.4 年，金宝汤和家乐氏这两家高居榜首。在迈克尔的研究中，公司的竞争优势未来有望延长多长时间成为另一项投资标准。

迈克尔的第二份报告是《在过去的两秒钟里你学到了什么?》它巧妙地将达尔文的进化论、丹尼尔·戈尔曼的畅销书《情感智商》和马克斯·巴泽曼的《管理决策中的判断》结合在一起，然后将这些观点与现代行为金融学的研究联系在一起。迈克尔发现了什么? 他写道，在资本市场投资成功的过程，并不是大多数人类生来就会做的事情——至少目前还不是。迈克尔解释说，从进化的角度来看，投资者更倾向于逃离危险，而不是估算资产的预期回报，这是人类长期进化出来的特征。面对这种困境，最好的解药是留意人类进化过程中的情感局限性，拓展自己对所处新环境的理解。毕竟今非昔比，投资者面临的最大挑战不再是如何比一头狮子跑得快，而是如何避开金融市场在牛熊转换中的陷阱。

在前两份书面报告中，迈克尔建立了一个过程，使他能够沿着两条不同的路径探索新想法。迈克尔用他的 CAP 论文证明了我所谓的"有形的金融侦探技能"。也就是说，他提高了自己的洞察力，发现哪些"有形"的财务结果可能会对公司的股价在未来产生影响。所谓"有形"，我指的是从损益表、资产负债表和现金流量表中提炼出来的容易衡量的财务表现。

但是，正如《在过去的两秒钟里你学到了什么?》提到的那样，迈克尔通过考察其他学科（主要是生物学和心理学），扩大了他对投资领域的研究范围。在这个过程中，他让人们注意到使用"无形的金融侦探技能"的价值。这种将有形与无形结合起来的能力是一种十分稀缺的分析能力。

迈克尔的研究一直在这两个世界中穿梭来回，《金融前沿》的内容主要分为三个智力领域：新公司金融、新经济、新资本市场理论。在新公司财务领域，迈克尔的著述超出了 CAP 的范畴，还将股票回购、并购、收购对财务的影响包括在内。过去几年，股票回购越来越流行，它取代了发放股息，成为公司向股东返还过剩现金的方式。公司还通过股票回购抵消了员工期权计划产生的股权稀释。迈克尔的研究列出了一个分析框架，投资者可以据此确定一家公司的股票回购计划究竟会增加还是减少股东价值。

投资者还目睹了并购行为的急剧增加，通常这种情况发生时，管理层会信誓旦旦地宣布，合并两家公司后将会节省成本，提高公司盈利的增长率。然而，严肃的学术研究表明，三分之二的并购行为并未带来股东价值的增加。人们不禁会问：管理层的假设哪里出了问题？根据迈克尔的说法："并购分析是从对盈利增长的分析开始，也以此结束。这是最可能犯下的投资错误之一，因为基于权责发生制下的利润并不能反映现金到现金的真实经济回报。"为了帮助投资者更好地理解并购带来的好处（如果有的话），迈克尔引入了一项很有用的经济测量标准——"风险中的股东价值"。

投资者今天面临的许多困惑都来自如何区分"实体公司"和"新经济公司"的财务分析。典型的新经济公司通常只有很少的硬资产，却能从人力资源、创意、网络效应中产出收入和利润。迈克尔对新经济的研究试图帮助投资者更好地理解传统公司和其对手新经济公司之间可能出现的经济特征差异。

迈克尔在 1999 年 3 月 2 日出版了一本名为《现金流：新经济中的现金经济学》的书，其针对不同商业模式的现金流特征提供了一个实用的分析框架。书中提出，一个很明显的现象是，一旦新经济公司在市场上站稳脚跟，它们就会体现出比旧经济公司更加优越的现金经济特征。举例来说，巴诺书店 1988 年产生了 1.5 亿美元的现金收益，然而同一时期，它必须投入 2.4 亿美元，这就造成了 9 500 万美元的现金流出。同年的亚马逊产生了 5 400 万美元的现金流入，现金流出是 5 900 万美元，现金流几乎接近正值。当然,华尔街对公认会计准则中的每股收益的关注,旨在解释旧经济公司的运营情况,但也会带来负面效果:如果你只盯着这个指标,有些新经济公司就会被忽视,它们公布的每股收益很少,但现金流却非常好。

为了帮助投资者更好地理解新经济公司现金流的特点,迈克尔在 2001 年秋天写了一份关于微软的深度报告,标题为《微软公司:有趣的财务报表》(2001 年 9 月 24 日),这份报告分析了微软的收入和现金流之间的关系。从阅读微软 2001 年的年度报告开始,迈克尔指出,微软披露的净营业收入是 77 亿美元,但这里面并没有考虑其他现金流形式,包括递延收入、资本支出、折旧、摊销、非现金冲销和营运资本的变化。如果将这些项目考虑进去,进行财务调整,迈克尔发现微软的实际现金流为 123 亿美元,比财报公布的数字要高出 60%。投资者要充分认识到,现金流是驱动公司价值的重要因素,而微软公布的每股收益 1.45 美元,和每股现金流 2.3 美元之间的差距非常大,达到了每股 0.85 美元。

此外,迈克尔的报告还显示,投资微软的资本回报率达到惊人的 200%。为了计算这一数字,迈克尔剔除了微软持有的价值 300 亿美元的现金和有价证券,以及 190 亿美元的股权投资。他得出的结论是:微软几乎不需要什么实体基础设施来运营其业务,目前的公认会计准则并不能准确反映这家新经济公司的真实价值。

你或许还记得，巴菲特在解释收购可口可乐的逻辑时，说过类似的一段话，他当时关注的就是可口可乐公司的现金收益。由此可见，迈克尔的研究成果和巴菲特的阐述如出一辙。迈克尔的研究还关注到对现金流经济学的理解，并增加了一个新元素：一旦新经济公司获得成功，自由现金流将会爆发式增长，其增长速度远超像可口可乐这样的传统老牌公司。旧经济公司经过良好的运营，可以实现正向的现金流，而新经济公司则有潜力实现"超级现金流"。

新经济特征的一个副产品是，股票期权被广泛使用，用于吸引和留住员工。许多新经济公司就像风险投资公司一样，它们刚进入目标市场开疆拓土，没有能力提供大量的现金奖励，以吸引和留住有价值的员工，取而代之的方法是，公司为员工提供丰厚的股票期权，作为薪酬体系的重要组成。迈克尔还写了一本书，分析股票期权对公司运营现金的影响，书名叫《行动的一部分：新经济下的员工股票期权》（1998 年 11 月 2 日）。当然，今天看来，员工股票期权问题已经是金融界争论的焦点，几乎所有的投资者都在计算其对经济的影响。但在 1998 年，股票市场风起云涌，投资者正忙于股海冲浪，很少有人愿意花时间研究这些新的薪酬结构的内涵。

在有关微软的那份报告的后半部分，迈克尔向投资者详细介绍了公司给员工发放股票期权对经济的影响。他所做的研究表明，微软员工的股票期权对公司来说是一个沉重的经济负担：大约250亿美元。为了计算出这个数字，迈克尔对该公司提交给财务会计委员会的文件中的第123条脚注披露的每一批期权进行了估值，同时根据预估的员工离职情况（离开公司的员工将失去股票期权）、认股权证转换和税收政策进行了调整。迈克尔发现，公司员工股票期权的价值约占总市值的6%。

新经济框架和日新月异的技术创新还给金融分析师制造了另外一个难题。为了更好地理解技术创新对公司价值的影响，迈克尔开始研究"实质选择权"的概念。1999年6月22日，他出版了《走向真实：证券分析中如何使用实质选择权》。书中的观点是，计算一家公司未来自由现金流的贴现值，无疑是评估企业价值的正确方法，但这种方法可能无法涵盖一家公司的全部净值。为了准确捕捉到公司的完整价值，你还需要将一家公司的"实质选择权"考虑在内。

实质选择权的作用类似于看涨期权，它深植于公司的价值之中，赋予了投资者未来以特定价格购买某物的权利，是否行使权利取决于投资者的意愿。以维亚康姆集团（美国第三大传媒公司）为例，根据该公司2002年的业务情况对其进行未来现金流的贴现计算，结果可能是每股价值50美元。但是，当你考虑到光纤通信技术的发展使得用户未来可以在线访问公司庞大的电影库，并按自己的喜好购买观影服务时，你认为这家公司是否还有额外的价值？你是只考虑通过电视、宽带、录像带租赁市场出售电影的价值，还是应该考虑到光纤付费点播观看的可能性？

实质选择权是一种精确的数学运算吗？显然不是。但迈克尔解释说，仅仅因为它无法被准确衡量，就将其完全忽略，这显然会是一个错误。

真正打动我的一点是，迈克尔选择走的路和 20 世纪 30 年代本杰明·格雷厄姆走的是同一条。当然，实质选择权理论似乎和格雷厄姆对购买公司硬资产的坚守相去甚远，但如果你从认识论角度考察迈克尔的研究成果，你就会发现，他为了能更好地理解公司有形和无形的财务价值做出了艰苦卓绝的努力。这些调查方向驱使他开始探索一些新的学科，也许表面看上去，这些学科和投资研究根本不沾边。

经济学和资本市场理论的架构，在很大程度上基于均衡的概念建立。均衡是指两种力量、权力或影响力所形成的平衡状态，这个思想的源头可以追溯到艾萨克·牛顿于 1687 年出版的著作《自然哲学的数学原理》。市场均衡的概念对股市和经济的描画是如此深刻，以至于很难想象还有其他更好的表述。阿尔弗雷德·马歇尔的经典作品《经济学原理》被认为是有史以来最重要的经济学教科书之一，该书专门用了三个章节论述经济均衡。这本书被用作学生的教科书长达 50 年，直到 1948 年保罗·萨缪尔森的《经济学》问世。和马歇尔一样，萨缪尔森同样认为经济和股市是一般意义上的均衡系统。

金融理论家也从经济学家那里得到启发，同样拥抱均衡的概念。被誉为现代投资组合理论创始人的尤金·法玛声称：正因为均衡的存在，有效市场假说才成为可能。同样，诺贝尔奖得主威廉·夏普在1964年发表了一篇题为《资本资产价格模型：风险条件下的市场均衡理论》的论文，文中指出：在市场均衡的状态下，预期收益和收益的标准差之间存在简单的线性关系。

一旦你认同经济学和股市的均衡理论，就代表你相信市场是有效的，市场参与者的行为是理性的，股市收益是符合正态分布的。然而，理论归理论，现实归现实。日常的经历和观察会令许多人质疑股价是否已经精确反映出所有可用的信息。从对行为金融学的研究中我们也知晓，"投资者的理性是完美无缺的"这种想法全然不现实。此外，我们还知道，市场的确会出现剧烈波动，这种现象有悖于均衡系统的本质。在一个完美的均衡系统中，五西格玛事件发生的概率微乎其微，一万年才可能发生一次。但股市会阶段性发生五西格玛事件，这

> 当你欣赏画作时，也许你从来没有见过正确的摆放方式。让我来告诉你，艺术家本想把画放正，结果却把它放反了。
>
> ——布朗神父
> 《沃德雷的消失》

说明它不是一个典型的均衡系统。因而，市场行为需要更好的表述。

　　长期以来，迈克尔·莫布森一直被有关股市的经典理论和他的切身观察不一致所困扰。尽管宣扬市场均衡的观点是简便、安全的，但他发现，在实践中捍卫这个观点变得越来越难。这种智力层面的拉锯战促使他发现了圣达菲研究所正在进行的工作。

向科学家学习，研究复杂适应性系统

　　在新墨西哥州圣达菲的一座高山上，有一个很特别的研究机构，不同学科的科学家聚集在那里研究复杂的适应性系统。这种系统由许多相互作用的部分组成。为了适应环境变化，每个部分都持续不停地改变自己的行为。例如，中枢神经系统、生态系统、蚁群、政治体系、社会结构，当然，还有经济和股市。

　　记住，标准的均衡系统是理性的、机械的、有效的。圣达菲研究所的观点则正好相反，市场是不理性的，是有机组成的，而不是机械运作的，且并不总是有效的。

　　迈克尔从这家研究所得到了两个好处：首先，他在研究中找到了正确的资料，获得了对市场行为的准确描述。其次，他有机会接触多学科领域的科学家，比如生物学、计算机科学、社会科学、医学等，他们致力于同样现象的研究。小组成员间的每次交流都打开了一个充满新意的世界，涌现出各种可能的描述。试着想一下，当一位投资者和一位心理学家首次敞开心扉谈论复杂系统的话题时，那会是怎样一番景象。

《金融前沿》中有一章是"新资本市场理论"，迈克尔对复杂适应系统进行了深入的探讨。在 1997 年 10 月 24 日发表的《转变发生：市场作为一个复杂适应系统的新范式》中，他将有关资本市场的经典理论和复杂适应系统的新观点放在一起进行比较。用迈克尔的话来说，他相信这两种思想之间的范式转换正在进行中。也许他是对的，五年之后，《公司财务应用》杂志发表了迈克尔的论文《重新审视市场效率：股市作为一个复杂适应系统》，对这一主题进行了更深入的研究。

但是，迈克尔和圣达菲研究所的合作带来的最大益处才刚刚开始。在过去的五年里，迈克尔一直是研究所的常客，他积极出席会议，参与话题研讨。2001 年，他被任命为该研究所的董事会成员。在过去的几年里，迈克尔和瑞士信贷第一波士顿银行在圣达菲举行了秋季会议，与会者听取了所里研究人员的报告。

也许你会想，这和投资有什么关系？简言之，通过借鉴不同学科的科学家的研究思路，迈克尔对市场运行积累了新的想法和描述，其中一些显然和投资者息息相关。

研究复杂适应系统会让我们的注意力从物理学和机械系统转向生物学和生命系统。对投资者来说，生物学是一门内涵丰富的学科，它研究的主题是所有的生命形式及其生长过程，值得认真探究。达尔文提出的进化论和适者生存的理念对商业世界的重要性不言而喻。企业需要随着环境的变化而改变自身，并努力适应客户的需求，这是管理学教科书中的惯用语。然而，生物学和商业之间的关系比达尔文的理论更加深远。

圣达菲研究所的科学家深入研究了幂律的含义，幂律在物理世界和社会系统中广泛存在，其中一个量被表示为另一个量的某种幂。例如，古登堡-里克特定律被用来描述不同震级的地震会发生的频率，帕累托定律确定了个人收入的幂律分布，齐普夫定律描述了自然语言中词汇的使用频率分布特征，同时还有城市规模的特点。例如，一个国家最大的城市往往是第二大城市的两倍，是第三大城市的三倍、第四大城市的四倍，以此类推。

幂律在市场竞争中的展现也很明显，施乐帕克公司的研究人员发现，互联网上众多网站的访问量分布符合幂律。简单描述就是，大量尾部网站的用户量很小，而少数头部网站的用户量巨大。虽然这个观察结果显得很简单和明显，但一个强有力的事实体现了这个现象。网站用户的分布特征显示，互联网行业注定会成为一个赢家通吃的市场，少数头部网站将拥有绝大多数互联网用户。更重要的是，它还表明，市场格局一旦形成，就倾向于自我保持，这正是幂律分布的特征之一。当一个实体牢固地占领了幂律曲线上的某个位置，它被其他实体取代的可能性极小。换句话说，如果一个实体在幂律曲线上的位置是 1，那么它不大可能会变成 2、3 或其他的位置。

那么，幂律和投资有什么关系？当然有，一个最生动的例子是对美国在线的研究。美国在线是史蒂夫·凯斯和鲍勃·皮特曼两个人灵感碰撞的结晶，它诞生于个人消费互联网革命伊始，并迅速风行于浪潮之巅。1996 年，该公司的市值达到了 40 亿美元。然而，单从财务数据来看，该公司还远远谈不上成功。

美国在线潜在的竞争者众多，对手虎视眈眈，因为成为一家互联网服务提供商几乎没有壁垒可言，只需要一些风险投资的注入，你就可以开始寻找自己的用户。尽管它是为数不多的收取订阅费的服务商，但和许多新成立的互联网服务商一样，它并不盈利。此外，用户还经常被信号拥堵困扰，加之服务质量不佳，导致怨声不绝。尽管存在这些可见的财务问题，客户满意度也不高，但这只是表象而已，真相正在等待那些有能力穿越迷雾、洞见本质的投资者。

互联网服务商的分布同样遵循可预见的幂律，美国在线迅速确立了第一名的位置。如果一位投资者理解了幂律分布现象，那么当他看到两家财务状况、定价都很相似的互联网公司时，只要在幂律曲线上画出它们的位置，很快就会发现，其中一家公司的定价严重错误。换句话说，美国在线处于幂律曲线上的第一位，这才是问题的关键，远比它当前所面临的困难更重要。事情并不总是表面看上去的那样。

自从接触到施乐公司的原创成果之后，迈克尔·莫布森就全身心投入对幂律的研究中。2000 年 7 月 7 日，他发表了一篇题为《依然强大：互联网的隐蔽秩序》的论文，文中总结的规律是：在科技股和市场指数下跌之后，网络公司的排名和市值之间仍然遵从幂律分布。随后，他又研究了 18 个不同行业的 46 条数据，寻找其中可能的幂律分布现象。结果发现，其中 9 个行业表现出强烈的幂律特征，它们分别是：生物技术、储蓄和贷款机构、电信设备、特种化学品、半导体、餐馆、软件、服装，当然，还有互联网。

投资者是否已经穷尽了生物学的知识？当然没有。迈克尔和圣达菲研究所的科学家后来对杰弗里·韦斯特的工作产生了浓厚的兴趣，韦斯特是洛斯阿拉莫斯国家实验室的物理学家和生物理论学家。

韦斯特和他的同事——新墨西哥大学的詹姆斯·布朗以及圣达菲研究所的布赖恩·恩奎斯特——在美国科学促进会的年会上做了一场重要报告。韦斯特收集了一系列生物学上的证据，从最小的细胞，到大型哺乳动物，证明了幂律在生物界的普遍存在，如果他的理论被证实，那么地球上的生命极有可能被纳入数学的范畴。韦斯特提出的观点是："生命是宇宙中最复杂的系统，除了自然选择、基因编码、相似性，我们几乎不知道生命还遵守什么原则或定律。幂律是其中一个例外。这些都是有关定量的规律，当你在考虑地球上最复杂的系统时，它背后的规则却简单到令人发笑的地步。"

当然，对韦斯特来说简单的事情，其他人理解起来未必觉得简单，但我还是尽力把这种理论讲得简洁易懂。韦斯特发现："生命的代谢率，即维持生命存活的力量和体重的 3/4 次幂成比例，从分子，到最小的单细胞生物，再到体形最大的动植物，均服从这一规律。此外，时间尺度，包括心率、寿命和体形的关系也一样，如树干的半径和线粒体密度，随大小变化的指数通常是 1/4 的幂次。"

那么，有没有可能存在一种统一的理论可以解释所有的幂律？韦斯特说："如果有，那么它将会在一种共同的机制中被发现，这种机制通过线性网络为有机体的所有分支输送营养。"这些网络包括心血管系统、呼吸系统、植物维管系统等，这些系统基于三项统一的原则。"第一，为了使网络能够供应整个生物体，网络系统需要有一种填充空间的、分形的分支模式。第二，网络的最后一个分支，比如循环系统中的毛细血管，大小必须不变，也就是说，它在每个生物体中的大小都相同。例如，老鼠的毛细血管和狮子的一样大。第三，分配资源所需的能量被最小化。换句话说，生命系统中进化出来的分发网络必须使用最少的能量来维持它们的生命。"

根据韦斯特的观点，这三项原则结合在一起，也许可以解释生物学普遍存在的法则。但我们如何应用到投资中呢？令人兴奋的发现在于，幂律不仅体现在生命现象中，还在很多不同的层次上起着作用。韦斯特和他的同事正在研究幂律是否适用于河流系统（河流有着类似的分支循环系统）以及公司的生态。没错，还有公司！这些生物学上的发现有可能帮助我们理解大型跨国公司的最佳组织结构应该怎样设计。某一天，一位直觉敏锐的投资者也许会观察到两家定价和财务特征都很相似，但组织结构不同的公司，并认识到其中一家公司的组织设计符合生命体的幂律特征，有利于实现最佳业绩，而另一家违反了规律。

《金融前沿》关注的主要问题和金融相关，迈克尔·莫布森在圣达菲研究所的工作让他看到了延伸到其他领域，开拓新想法的可行性。为了探索这些新的学科，迈克尔开始了一项新的研究项目，标题为《一致的观察者：在投资中应用多学科理论框架》。根据迈克尔的说法，"一致的观察者"试图将基于市场发生的事实，与来自不同学科的新思维模型联系起来，致力于帮助个人做出更好的投资决策。

迈克尔为研究方向取名的灵感来自生物学家爱德华·威尔逊，后者是位备受尊敬的作者，写了一本十分精彩的书：《一致性：知识的统一》。威尔逊解释说，一致性意味着对不同知识进行跳跃式整合。迈克尔说，《一致的观察者》"将会是一组简短的研究报告，但会从各个领域吸取信息和知识"。

多学科思维带来的投资优势

多学科思维的概念并不新鲜，甚至早在美国统一之前，本杰明·富兰克林就是人文学科教育的热切推动者。在1749年发表的《关于宾夕法尼亚青年教育的建议》一文中，富兰克林强烈建议学生修习多门课程，拓宽知识面。他写道："如果学生既能学到实用的专业科目，又能提升人文修养，那真是太好了。"在富兰克林提议后的250年间，人文学科的支持者与主张专业化教育的人士展开了激烈的论战，但大部分努力均以失败告终。

今天，投资行业高度专业化，渴望走上职业投资道路的学生通常会从攻读商学院的本科学位开始。毕业之后，他们中的大多数会继续攻读工商管理硕士学位，随后取得金融分析师证书作为任职资格。投资的专业教育涵盖了商业、金融、经济学、会计等学科，这使得个人有能力分析股票和债券，甚至管理投资组合。那么，为什么还需要学习其他学科呢？迈克尔的观点是："深思熟虑的投资者既需要不变的原则，这来自金融专业的教育，也需要了解变化的环境，这就需要人文学科的背景。长期而言，有关经济、公司、市场的经验通常会失效，昨天还有用的投资思想，今天也许就过时了。"

投资的最佳实践是从多个学科中提取核心的思维模型，建立起一种栅格化的认知结构。这个概念最初由伯克希尔·哈撒韦公司的副董事长查理·芒格提出，一套栅格思维模型可以帮助提高投资者识别世界运行的关键模式及其进程的能力。这些关键的模式和进程对研究多学科的人来说是可见的，但对于那些对世界运转的认知很狭窄、故步自封的人是隐形的。

正如布朗神父将对人类心理的理解加入侦探技巧中，提高了他的分析能力，投资者也可以将心理学、行为金融学加入原本的金融和财务研究中，提高自己的投资业绩。此外，我们还看到，对生物学的研究也使一些投资者获得了额外的竞争优势。查理·芒格、爱德华·威尔逊和迈克尔·莫布森所提倡的观点是：跨学科思维可以加深我们对世界运行原理的理解。

当晚年的布朗神父前往西班牙庄园拜访他的老友弗兰博时，我们得到了进一步了解他的侦探方法的机会。傍晚时分，布朗神父、弗兰博和另一位租下附近庄园的美国旅行家格兰迪森·蔡斯正在一起品尝葡萄酒。蔡斯对布朗神父的名声早有耳闻，力邀他分享自己的办案秘诀。神父拒绝了，蔡斯继续劝说，提起了一个挑战性的话题：将布朗神父和杜邦、福尔摩斯放在一起比较。

蔡斯说道："埃德加·爱伦·坡写下了几则对话形式的小短文，解释了杜邦的探案方法，以及内在的逻辑链条。华生医生总是在现场听福尔摩斯详细讲述具体的办法，还有对细节证据的观察。但似乎没有人对你的方法有完全的了解。布朗神父，请恕我直言，我听一些人说你的科学探案法不能被阐述出来，因为它超越了自然科学的层面。他们还说，你的秘诀是无法泄露的，因为它具有神秘性。"布朗神父皱了下眉头，沉默无言。但那个坚持不懈的美国人穷追不舍，提起了几个著名的案子，补充说道："每个案子你都在现场，站在众人中间，你告诉他们犯罪发生的过程，却从来不吐露你是如何知道的。所以，有些人认为你的方法很神秘，不用看就知道了一切。"

当然，我们知道布朗神父是有一些分析方法的，它并非建立在神秘学的基础上，而是和敏锐的观察力相关。布朗神父多年来聆听众人忏悔的经历让他对人性有了更深刻的理解。同时，他还具有深度的同理心，可以走入犯罪者的内心，这让他在破案时很有优势。

但令我特别感兴趣的是，蔡斯提到了存在于一些人心中的普遍看法，即布朗神父破案的方法是不寻常的、神秘的，它隐藏在人们的视野之外，只有极少数人才能发现。

很多时候，当一名侦探赶在读者之前完成了破案时，我们的第一反应是，这名侦探应该拥有某种超自然的力量。毕竟，我们走上的是同一条路，但不知为何，他先到达了目的地，所以这其中一定有某种神秘的启示。但我们现在可以说的是，布朗神父之所以能先于其他人破案，并不是因为他是个神秘的人，而是因为他精通多门学科。

> 任何一个可以从多角度观察的结果，在其形成之前，都有前因的存在。
>
> ——布朗神父
> 《布朗神父的秘密》

当一个人迅速得出对于其他人来说并不明显的结论时，我们管这种现象叫什么？我们通常称之为直觉。卡尔·荣格将直觉描述为"倾听内心的声音"或"听从内在的提示"。荣格说，当我们全神贯注于内心发生的一切时，直觉才会以想法或感觉的形式出现。

当我们提到"内心的声音"或"直觉"时，这听起来更像是幻想而不是科学。然而，一些备受尊敬的学者正在研究直觉发生的过程，他们发现的成果可能会令你很惊讶。

诺贝尔奖得主、卡内基梅隆大学心理学和计算科学系的教授赫伯特·西蒙表示，我们依赖直觉时，是在利用固定的规律和模式，但这些规律和模式很难阐述清楚。他说："一直以来，我们都是根据直觉系统中发生的事情得出结论，我们意识到了结果，却没有意识到中间的步骤。"西蒙认为，通过直觉得出判断被理解成了习惯。然而，他相信我们可以将来自直觉的洞察力分解为一个可识别的逻辑过程。

　　研究表明，直觉发生作用的过程很大程度上取决于多种体验的交叉使用，这反过来使我们能够识别关键的模式。我们学习到的是，直觉是依靠一种相对简单的机制——"交叉联想"实现的。当布朗神父检查犯罪现场的物证时，他参照了自己了解到的人类行为，对犯罪有了更深入的了解。同样的情况，当投资者检查资产负债表和利润表，将其与行为金融学的知识和新发现的生物学定律相结合时，他就开始看到一种事物发展的模式，而只研究财务数据是看不清楚的。

　　能够发现不同学科领域的模式，继而将这些模式运用到专业领域中，这种训练将会提高一个人的直觉能力。显然，直觉能力被定义为交叉联想的能力，可以随着回忆联想起众多不同的资料和经验。我们可以这么说，能够发现别人所未曾见的模式和过程，这是一种独特的才华，它只青睐那些广泛学习和深入思考的人。

游走在罪犯内心世界的神探

　　当布朗神父说到走进罪犯的内心世界，想他所想，让犯人的身体服从侦探的想法时，我们就此看到了一个人的形象，此人掌控着局面。在办案过程中，他除了积累必要的物证，还在此基础上不断增加很重要的无形证据，帮助他完成破案。侦探故事中的其他角色只是掌握了部分证据，看到的都是不完整的画面，所以得出相同结论的速度很慢。

切斯特顿将侦探故事提升到了崭新的精神层面，受到了广泛赞誉，然而这并不意味着福尔摩斯和杜邦的方法就不重要。相反，一名优秀侦探的主要职责就是进行详细而彻底的

> 然后我又想了一分半，我相信自己看到了犯罪的模式。
>
> ——布朗神父
> 《奇怪的脚印》

侦查。但切斯特顿笔下的布朗神父对侦探故事中的主角提出了新的要求，即：所有深思熟虑的分析者都必须愿意抱着开放的心态，以不同的方式进行思考。探案就像破解魔方一样，你要善于将谜题转化为各种可能的组合，这样才能让所有的问题得到解答，一切的可能性都得到检验，进而找到唯一的那个正确答案。

我们可以很有把握地说，切斯特顿开创了神职侦探的先河。这条路上前无古人，在他之后的 15 年内也没有来者，但 15 年之后，后来者开始走上他开辟的道路。埃利斯·彼得斯笔下的卡德法尔兄弟是一位 12 世纪的僧侣和草药师，他用敏锐的大脑解开了许多谜题，受到成千上万读者的喜爱。翁贝托·埃科在

《玫瑰之名》(1983) 中为我们创作出威廉兄弟。彼得·特里梅因创作了菲德尔玛修女，她是一位 7 世纪的凯尔特修女，同时还是一名律师。卡罗尔·安妮·奥玛丽修女在《壁橱里的修女》和《橱柜里的修女》中向世人介绍了她的侦探玛丽·海伦修女。格林伍德创作了伦敦圣西尔维斯特教堂的副牧师西奥多·布雷思韦特，伊莎贝拉·霍兰创作了美国圣公会女牧师克莱尔·奥尔丁顿。

在后来的这些众多作品中，也许最受欢迎的神职侦探是拉尔夫·麦克纳利的父亲罗杰·道林。道林的故事开始于 1977 年的两本书：《她在寒冷中死去》和《第七站台》。和布朗神父一样，道林神父相比其他侦探有一个明显的优势，他可以自由地去想去的地方散步，和任何想交谈的人聊天，头脑想到什么问题就随时发问。没有人会质疑他提出的问题，阻挠他的行动，也许因为他的直接上司代表着"更高的权力"（此处指上帝）。似乎没有什么其他侦探可以像这位神职侦探一样，轻松驾驭整个社会中错综复杂的关系。

尽管我介绍了以上这些人物，但并非所有的神职侦探都是基督徒。在《空无的力量》一书中，亚历山德拉·戴维-尼尔展示了西藏佛教僧侣雍丹喇嘛是如何解开一个谜题的。还有哈里·凯末尔曼的拉比·戴维·斯莫尔，与其说他是一位精神领袖，不如说他是一个聪明人。他深入研究了希伯来法典《塔木德》，并依赖"识别细微差别"的艺术破案。根据《探案小说的牛津伙伴》一书，拉比·戴维·斯莫尔的探案方法也受到犹太教所宣扬的知识开放风潮的影响，它的理念是："质疑一切"。

　　不管你的信仰是什么，是否有对男、女侦探的偏好，也无论你是喜欢 7 世纪的故事，还是 20 世纪的故事，有关神职侦探的故事应有尽有，任君挑选。最近走进我视野的一则故事是《守夜人：福尔摩斯和布朗神父久违的联手冒险》，作者斯蒂芬·肯德里克本人就是一位神职人员。

　　《守夜人》的故事开始于 1902 年的圣诞节，一位主持世界宗教领袖会议的英国神父在他的教堂里被凶手残忍杀害。这个会议对外高度保密，开会期间教堂是关闭的，很明显凶手一定是其中一位受邀而来的神职人员。这种局面很微妙，涉及敏感的国际关系问题，一不留神可能会引发舆论狂潮。英国首相邀请夏洛克·福尔摩斯的哥哥麦考夫·福尔摩斯提供帮助，他在政府情报部门担任秘密公职。麦考夫将福尔摩斯和华生带了进来，以求尽快破案。24 小时内，福尔摩斯就破案了，至少看起来是这样。

　　两周之后，在那次宗教会议上担任翻译的年轻的布朗神父去往了贝克街。他平静地指出，闻名遐迩的大侦探福尔摩斯忽略了一些尚未解决的问题。通过这番对话，我们再次看到了两位伟大侦探之间的根本区别。布朗神父说："福尔摩斯先生，我的工作方法和您不同，您寻找的是事实证据，我寻找的是象征符号。"

读《守夜人》对我而言是种美妙的享受，因为它还原了我喜爱的两位大侦探的生活，我十分荣幸有机会和作者斯蒂芬·肯德里克一起谈谈他对布朗神父和福尔摩斯的看法。

肯德里克告诉我："我沉浸在写作《守夜人》的过程中，但也不想停留在借鉴柯南·道尔的表面功夫上。于是我想把布朗神父引入这个故事，因为福尔摩斯是典型的理性侦探的代表，布朗神父则是典型的象征主义和心理学侦探，他们联袂破案应该能产生奇妙的化学反应。"

肯德里克接着说："福尔摩斯的特点是保持头脑清醒，这样就能注意到别人因为急于得出结论而忽略的内容。他故意让自己的大脑留出空白，以便能更好地观察外界。在真正理解所见的一切之前，他绝不妄下结论。布朗神父的方法则正好相反，他纯粹依赖直觉，用归纳法而不是演绎法。所以我认为，将这两位各自拥有鲜明的办案风格，洞悉人性的方法又不同的大侦探列在一起会很有吸引力。"

肯德里克继续说："福尔摩斯对人们很容易忽略的小细节很在意，我通常形容为'积沙成塔'。尽管布朗神父也有能力观察到这些物理上的证据，但他真正的兴趣点却是人们难以理解的悖论现象。切斯特顿很喜欢把世界翻转过来，布朗神父的每个故事都围绕着某种悖论展开。"

　　肯德里克对切斯特顿所有的侦探小说都进行了深入细致的研究。他说："切斯特顿反复强调的是，对宗教的敏感性可以让一个人更理解犯罪的本质原因，这是对原罪概念的一种奇妙解读。只有你和凶手在精神上合一，才有机会发现他，而不能仅仅依赖追踪线索。布朗神父所做的工作就是深入挖掘人性，让自己处于和凶手同样的心理状态下；在那里，他可以轻松地做出辨认。"

　　肯德里克说："在切斯特顿的所有疑案中，其他人没有找出凶手的根本原因是，他们都不愿意屈身进入罪犯的心理世界，但是一个圣洁的神职人员可以做到。从神学的角度来看，高尚圣洁的人和罪大恶极的人都是不完美的，他们都在上帝创造的家园里。作为一位神父，布朗神父和凶手在精神上站在了一起。他充分认识到，与其说破案是在维护正义，不如说破案是在力图救赎一个灵魂，而世上没有一个灵魂是不值得挽救的。神学意义上的'罪'并不是指做错了什么，而是迷失了目标，这就是'罪'的希腊语原意。我们和罪犯一样，都会迷失目标，没有一个人是完美的。"

　　在《守夜人》一书中，肯德里克写道，福尔摩斯将布朗神父视为"柔软的圣诞布丁"，但他很快意识到这位神父的潜力，评论他时说道："他可能是所有神父中最聪明的一个。"我问肯德里克，福尔摩斯为什么给出了这么高的评价？

肯德里克解释说："这一点再次体现了切斯特顿喜欢用的悖论。那些看似目光呆滞，举止温顺，超然凌驾在周围发生的一切事情之上的人，往往是最敏锐的分析者。在通常情况下，人群中最聪明的那个人，也是最被低估的那个人。偶尔，如果运气附体，我们也可以成为其中之一。"

在布朗神父的探案系列中，我们经常会看到一个主题：事情并非它们看上去的那样。在几乎每一个故事中，那些匆忙之中得出结论的人，无不是怀着敬畏的心态欣赏布朗神父提出的另外一种解释。在投资的世界里，似乎也遵循着同样的规律。一名将全部精力用来分析公司每股收益（代表实物证据）的投资者，总是落后于那些从交叉信息考证中获得了敏锐的直觉、拥有独特优势的投资者。市场上总会有一些投资者，他们只根据对实物证据的充分理解，便匆忙做出判断，结果却是怀着或是敬畏，或是绝望的心情，眼睁睁看着另外一些人，用其他的方法，在他们面前摘下果实。

投资成功就是不断寻找另一种解释的动态分析过程。它开始于格雷厄姆对账面价值的分析，随后发展到对普通股股息的重视，再后来是计算每股收益，继而是对公司现金流和资本回报率的重视。在这个进程中的每一步，投资者都能通过超越市场的共识、明显的实物证据而获利，直到达到更高的理解水平。

今天的投资者该如何取得成功呢？他们应该借鉴杜邦的经验，加入福尔摩斯的探案法，最后融入布朗神父展示的直觉体验。为了拥有更好的直觉，他们必须扩大交叉学科的知识面，在学习商业、金融和会计知识的同时，还应该学习心理学和生物学。他们不应该如此短视，认为只有通过扎实的财务分析才能成功，并将其视作唯一的路径。一家公司的财务报表只是投资者的起跑线，绝不是调查的终点。

第 8 章/*Chapter Eight*

怎样成为伟大的金融侦探？

繁荣和萧条的景气循环

人类的心中总是充满着无尽的希望，这是人性最好的品质之一。新年伊始，我们总是欢天喜地庆祝，相信明天会变得更好。新世纪的起始是又一个百年的开端，此情此景多么令人振奋！然而，当这信心饱满的希望在市场疾风骤雨的暴跌中化为灰烬时，又是多么令人沮丧！

对于我们这些职业生涯以金融领域为中心的人，以及数以百万计将身家投入股市的个人投资者来说，21 世纪初的市场大跌如同平地一声雷，让这一段本应欢声笑语的日子，迅速演变成现代社会最令人垂头丧气的金融场景之一。

一切起始于 2000 年的那个春天，不论是专业的资金管理者，还是个人投资者，都在惊恐战栗中亲眼看到股价如同雪崩，雪片从高空中纷纷滑落。随之而来的金融丑闻更是一浪接一浪，像潮水一样冲上新闻版面的头条。尽管经历过 1929 年大萧条的人会不以为然，但在我亲身经历过的岁月中，还没有哪一段时期的金融环境比跨入新世纪的那个春天更加凄惨。

纵观整个金融史，在股市大繁荣之后，随之而来的总是大萧条。事实上，在几乎每一次这样的轮转周期中，都有一个或多个市场参与者存在严重的欺诈行为。回顾过去，我们可以发现一种规律：人们毫无理性的购买行为引发股价上涨，即繁荣期。随后，有些人被发现从事市场欺诈活动，引发股价崩溃，即萧条期。经过一段时间的调整，股价重新回归到公允价值。砰……市场下跌，丑闻暴露，破产来袭。我们必须承认，这种周期循环发生的次数越来越多了。

20 世纪 20 年代的大繁荣导致了 1929 年的大萧条，大量的金融丑闻造成了数以百计的公司进行破产清算。随着新的监管法规开始执行，市场逐渐趋于平稳。后来，到了 20 世纪 60 年代，投资者再一次无理性地为"漂亮 50"* 支付了离谱的高价，他们想当然地认为这些强大的公司可以穿越经济周期。不幸的

---

*　"漂亮 50"（Nifty - Fifty），指 20 世纪六七十年代在纽约证券交易所交易的 50 只备受追捧的大盘股。这些股票被视作可以"买入并持有"的优质成长股。——译者注

是，1973—1974 年的史诗级股灾再次来袭，市场上的最后一名投机者落荒而逃，美国证券交易委员会指控顶级会计师事务所未按照正规的程序对几家公司进行审计，其中的 5 家公司以破产告终。

短短 12 年后的 1987 年，随着内幕交易丑闻的曝光，由德崇证券领导的垃圾债券市场崩盘，数百家储蓄和贷款公司宣布破产，市场再次崩盘。当德雷克塞尔的垃圾债券之王迈克尔·R.米尔肯和林肯储蓄贷款公司的负责人小查尔斯·H.基廷出现在法庭上时，各大媒体都将这则新闻登上了头条。

现在，站在世纪之交的起点上，当下的市场危机仍流血不止，看起来这次的情况比以往更为严重，让我们走近看看发生了什么。

人心翻滚，如同海浪来回拍打

多年之后，经济学家将会回顾 20 世纪的最后 10 年，再次惊叹市场凭空创造的财富总量。由于企业对新技术的疯狂投入，股市被大众的热情点燃，全线飙升。1990 年的第一天，道琼斯工业指数以 2 810 点收盘，纳斯达克综合指数以 459 点收盘。到了 1999 年 3 月，道琼斯工业指数狂涨至 10 000 点。一年之后，纳斯达克综合指数突破了 5 000 点。

个人投资者欣喜若狂，他们拥有股票和共同基金，其中许多人还获得了 401（k）退休账户的控制权。综合起来的效果是，股市狂涨让他们坐拥有史以来最庞大的财富总量。股市上涨带来的财富效应吸引了更多的投资者，他们中的大多数人认为，最好的主意就是将生活积蓄押注在股市里。

在此次股市的整体上涨中，表现最亮眼的就是科技股，该板块的股票获得了大量资金投入。在某段时间内，买入科技股似乎是永远不会失手的决定。当时的股价，尤其是科技股，一直在上涨，投资者驾驭着手中的投资组合，就像一个爱好冲浪的人忽然发现了一处完美的海浪，他们畅游其中，乐不知返，直到冲到距海岸仅几英尺的地方，一个猝不及防的巨浪袭来，带走了梦想中的一切。

到 2000 年 3 月，科技业的大繁荣演化成了大萧条。20 世纪 90 年代大部分时间都在上涨的股票突然快速下跌，人们很快就意识到，市场正在发生的不是短期回调，而是大崩盘，史上巨大的科技泡沫终于破灭了。那些将身家主要投资于科技、电信、互联网股票的人遭受了惨痛的损失，发生在他们身上的事几乎宣告了冲浪者的出局。大潮退去以后，投资者看到自己的投资组合折损过半，像是看到曾经翻滚的海浪恢复了往日的平静。

就在 2002 年中期我写下这些文字的时候，市场的形势进一步恶化。股价在低位上下震荡，跌多涨少。比这更为严峻的情况是，最近几个月席卷市场的丑闻对投资者的信心造成了严重破坏。

安然公司就是当前的丑闻漩涡中最臭名昭著的代表，因为会计造假和证券欺诈行为，等待它的是破产、股东诉讼和联邦政府调查，该公司损失巨大，却并非唯一的一个。现在每天的头条新闻都有那些曾经受人尊敬的公司及其领导人涉嫌欺诈的新闻，如阿德菲亚传播公司（Adelphia）、环球电讯（Global Crossing）、艾克隆（ImClone Systems）、来德爱（Rite-Aid）、世通（WorldCom）等。当你读到这里的时候，也许至少有十家公司因为丑闻而为大众所熟知。

从投资者的角度来看，让事情变得更糟的是，旨在保护他们权益的司法制衡体系已经崩溃。社会上的会计师事务所本应是独立客观的，职责是监督公司的财务状况，及时发现当前正被曝光的这类违法行为，但遗憾的是，它们自身都在接受有关非法操作的调查。最好的情况是，它们尽职尽责，没有发现欺诈行为；最差的情况是，它们成了参与欺诈行为的一分子。臭名昭著的安然公司代表了后者。

投资者的其他权益保障措施，比如收到来自经纪人的客观建议，也在它们面前破灭了。知名券商正面临各种各样的起诉，原因是分析师明显在压力所迫的情况下对一些公司做出了正面推荐，而他们私底下却承认，买入这些公司显然是十分糟糕的投资。

仅举几例发生的事件：

● 2002 年 6 月 25 日，电信巨头世通公司承认，在过去 15 个月的 5 个会计季度中，该公司隐藏了近 40 亿美元的成本，将其在资产负债表上登记为资本类资产，许多人怀疑这会演变成比安然公司更大的丑闻。第二天，美国证券交易委员会提出联邦欺诈指控，称这是一件"规模空前"的欺诈丑闻。

● 2002 年 6 月 21 日，来德爱公司的前首席执行官和两位高级助理被控欺诈，他们涉嫌向股东谎报了 23 亿美元的虚假利润。

● 2002 年 5 月 22 日，美国最知名的券商美林公司曝出丑闻：为了获得投资银行的业务，他们违心推荐了基本面很差的股票，公司为此支付了 1 亿美元，达成和解。

● 2002 年 4 月，施乐公司因虚报 30 亿美元收入而被美国证券交易委员会罚款 1 000 万美元，美国证券交易委员会对外发表声明时说，这种是相当普遍的欺诈手法。6 月 28 日，施乐公司对外披露，实际发生的金额更高，为 64 亿美元。

● 2002 年 3 月，阿德菲亚传播公司发表声明，承认向创始人家族提供了 31 亿美元的账外贷款。3 个月之后，这家公司在风雨飘摇中走向破产。

所有的这些外部效应累积在一起，体现了社会上一种日益加深的自暴自弃的做事态度。我担心的是，在公众看来，整个市场环境都披上了一层丑陋的腐败外衣。即使那些饱经风雨历练的投资者也开始担忧金融的世界是否已经完全失控，没有什么人和事再值得信任。我们很容易看得出来，一个试图为自己的大学教育或退休基金做投资安排的普通人，很可能会认为整个金融体系都是扭曲的，并选择坚决不再踏入市场半步。

2002 年 6 月 26 日，美国全国广播公司（NBC）在报道中称，对金融市场有信心的人的比例下降到了 38%，这已经是历史上第二低的水平，这个数字反映了在投资者心中广泛弥漫着的悲观情绪。

是的，投资者应该从历史中学到点什么，他们应该更清楚地知道，不要被 1998 年和 1999 年不切实际的价格泡沫所迷惑。他们应该知道，当人们的热情失控，超越了理性，接下来会发生什么。他们本应该更聪明一些，不应该把过多的资金投入一个资产类别，集中到一个行业中，尽管这个行业正在蓬勃发展。

但接下来还能做什么呢？投资者有能力发现 2001 年和 2002 年被曝光的那些会计欺诈操作吗？犯罪者使用如此娴熟的手法隐藏他们的不当行为，以至于这些丑闻在数月乃至数年之后，才被训练有素的专业人士发现，比如 SEC 的调查人员。作为普通投资者，他们没有受过专业的训练，也缺乏相关经验，怎么识别出危险的信号？

答案是：他们做不到。

我们能否意识到，那些所谓客观公正的第三方会计师事务所也可能是欺诈阴谋中的一份子？

做不到！

我们能否洞察到，那些经纪公司的分析师提供了故意夸大其词的投资建议，或者有潜在问题的股票？

做不到！

考虑到这些现实情况，投资者是否还有其他出路？

当然有。那就是，牢记我们从伟大侦探身上学到的经验，尤其是以下两个方面：

● 不要被传统观念冲昏了头脑。目前，传统观点似乎认为，所有的美国公司都很腐败，所有的股市参与者都存在犯罪行为，只是有些人已经被指控，有些人还没有被发现。这显然不是事实。

美国的上市公司大约有 10 000 家，我能想到的只有十几家公司真正犯了罪；至于其他的 9 988 家公司，需要经过你的认真调查，才能得出结论。

作为一名优秀的侦探，你是认同"每个人都有罪"的传统观点，还是试图通过调查研究，将有罪的公司和清白的公司区分开来？

● 警惕市场心理。不要忘记你对行为金融学的理解，不要让自己陷入恐惧和慌乱中。将围绕 10 000 家公司形成的歇斯底里的市场氛围视作绝佳的击球机会，众人癫狂我独醒，只有那些有能力保持冷静和客观的投资者才能把握住机会。

　　一旦市场被恐怖的气氛包裹，许多优秀的公司股票正在以不合理的价格抛售，优秀的投资者应该立即觉察到，对保持理性的投资者来说，这代表市场上出现了很好的交易机会。

　　如果你只从本书中学到一条经验，那就是：如果你通过研究发现了一家好公司，而出于某种原因，它正被市场低估，那么你应该立即将其视为一个从别人的错误想法中获利的机会。

　　这就引出了下一个问题：如果我们的确在投资中处于有利位置，那么接下来该怎么做，最好的行动方案是什么？我的回答会是，一如既往，或者本应如此，你必须准备好为自己的投资决策负责。让自己有意识地站在伟大侦探的视角上思考，进行你的投资研究，就像他们调查案件时一样彻底，不放过每一个细节。不管你所处的市场环境是动荡不安还是平静如常，这些最基本的原则都会很好地为你服务。

　　当来自传统的观点被证明不可信时，独立决策的能力对我们而言就显得尤为重要。走这条路很艰难，因为我们已经养成了许多坏毛病，需要破旧立新，方法就是学习伟大侦探的思维模式。

伟大侦探的思维习惯

奥古斯特·杜邦

● 培养怀疑心态，不受传统观念影响。

- 进行彻头彻尾的调查。

夏洛克·福尔摩斯

- 以客观、不带感情色彩的立场开始调查。

- 留心那些细微之处。

- 对于新出现的，甚至互相矛盾的信息保持开放心态。

- 将逻辑推理运用到你所发现的一切。

布朗神父

- 学习心理学。

- 相信你的直觉。

- 寻找表象之外的其他解释和阐述。

如果你依照这些原则行事，有意识地运用伟大侦探的思维习惯，选择股票时采用他们的调查方法，是否代表胜券在握？

恐怕不行。有时候，即便你手里拿着高倍放大镜，同样拥有侦探的心态，你仍然会忽略重要的线索。另外，你所调查的公司披露的经营情况也未必完整，就像我们在 2002 年看到的那些极端复杂的欺诈案件，无论多少侦探联手工作也无法发现完整的真相。

但我可以确信的是，如果你应用了从这里学到的经验，你将会在同投资者的竞争中出类拔萃。尽管周期性曝出的丑闻令投资者损失惨重，但他们还是习惯于走捷径，急匆匆做出决策，因此犯下更多的错误。就像一名笨拙的警探急切地想要尽快抓住罪犯一样，投资者也倾向于快速做出决定，但通常是错误的决定。

对一家公司和它的股价进行正确的财务分析，这是一件复杂度很高的事情，投资者不能只靠收集表面的信息，无视重要的细节（如此草率了事，注定无法成功）。我相信，那些勤奋认真、始终如一运用大侦探办案经验的投资者，假以时日，终将获得理想的投资结果。

人类的理性才是唯一的英雄

当我回顾读过的那些探案小说时，尽管见识过许多大侦探，但我的心中却只住着一位英雄，这位英雄就是理性。无论办案的侦探是谁，杜邦、福尔摩斯、布朗神父、尼罗·沃尔夫，或是任何一名现代侦探，最终解决问题，抓住罪犯的其实是理性。对伟大侦探来说，理性就是至高无上的一切，理性引领着他们的思维，勾勒出调查的路径，最终帮助他们成功解开谜题。

现在将你想象成一位投资者，你想对这个让人迷惑的市场拥有洞察力吗？理性将为你开辟出投资的大道。

你想要逃脱感性思维的陷阱，摆脱基于情绪的行为，冷静客观地做出决策吗？理性将令你的思考保持稳定。

你想在做出购买决策之前，提前掌握所有相关的资料吗？

理性将帮助你揭开真相。

你想通过购买能盈利的股票，改善自己的投资结果吗？理性将帮助你抓住被市场错误定价的机会。

这位年轻天真的大学生，在25年前上夜班时迷恋上了尼罗·沃尔夫，从此一发不可收拾，至今依然深爱侦探小说。今天，我仍然会迫不及待去看新的推理小说，一方面是为了体验解谜过程中的快感，一方面是让身心暂时逃离这个忙碌的世界，获得心理上的慰藉。

如果说途中遇到什么困难的话，我唯一的困难就是选择读什么。每一年，推理小说的宝库都在更新，主题更深邃，内容也更加宽广，层出不穷的新作让读者拥有了甜蜜的烦恼。我既喜欢心仪作家的新作品，也期待着发现才华横溢的新作家。但有时候，没有什么比那些相识多年的老朋友更令我心满意足的了。

不久之前，在经历了难熬的一天后，我在家中放松，不由自主地寻找有关尼罗·沃尔夫的小说。此时的我就像一个孩子，一遍又一遍听着同一个睡前故事，直到熟记于心，带着希望走进熟悉的剧情里，和一位老朋友共度一个美妙的夜晚。

曾经有一段时间，我听到沃尔夫和他那名精力充沛的助手阿奇在谈话，一起享用弗里茨准备的美味佳肴，看到沃尔夫在植物房中小心地呵护10 000株珍贵的兰花，心中会产生肆意的快乐。但最终我还是精疲力竭了，眼皮耷拉下来，书页上的字于我而言开始模糊不清；有好几次我忘记看到了哪里，几秒钟后，进入了梦乡。

和三位大侦探梦中论道

等到我恢复知觉时，我发现自己正在尼罗·沃尔夫的办公室里。

"哈格斯特朗先生，请注意，先生。既然你来了，有什么事儿是我可以帮忙的？"那个威严的声音只能来自沃尔夫本尊。

我低头一看，发现自己正躺在那把著名的红皮椅子上，对面是一张由樱桃木制成的大桌子，桌子后面是另外一把皮革椅子，它的宽大尺寸足以容纳身材肥硕的人。天呐，真的是沃尔夫。

"好吧，"我语无伦次地说，"我，我还不确定，可能和我正在读的这本书有关，我的意思是，我正写的这本书。"

"可能？"沃尔夫皱了一下脸上一侧的眉毛，忍住不屑的神情看了我一眼，随后又瞥了一眼站在我身后的阿奇·古德温。我转过身去，看到阿奇冲着他的老板耸耸肩，那意思分明在说："我对此也没看法。"

沃尔夫突然问我："要不要吃点心？"这似乎是个好主意。

我说："我要你最喜欢的那一种。"于是，沃尔夫叫来了弗里茨。

弗里茨进来后，沃尔夫还要了两瓶啤酒，他桌上的杯子已经空了。在等待点心的这段时间里，我整理了一下思绪，确认了在这里要谨言慎行。沃尔夫对含糊不清的思维没有耐心，他讨厌笨拙的语法造句，事实上，我曾经在书中读到过，当客户在他面前使用了错误的语法时，他向客户收取了更多的费用。

我接着说："你是我读到的第一位伟大侦探，应该比任何人更清楚我有多么喜欢推理小说。而且，当我意识到伟大侦探可以帮助个人投资者成长时，我感到由衷的兴奋。但现在的市场让投资者举步维艰，很多人都赔了钱，对股市也失去了信心，他们很迷茫，不知道接下来该怎么办。我真心希望帮助他们找到一些答案，或者至少做出有益的尝试，但又不知道该说些什么。所以我来到了这里，想向你请教，看你对此是否有高见？"

"很好，"沃尔夫将他双手的手指合拢，放在肥大的腹部，头向后仰，闭目思考，他的嘴唇上下抿着，直到开口说话："你最关心的是什么？"

我想这是个不错的开始，就从第一个重要的问题开始，我向他和盘托出心中的想法。

"我认为，投资者所犯的最大错误在于做决定时太过匆忙，往往只基于很少的信息量。也许他们太忙了，或者自以为很忙，或者他们真的不知道方法，不管出于哪种原因，他们的表现是不愿意做那些必要的工作。沃尔夫先生，我认为要成为一个好的投资者，首先要付出相当的努力，这不是显而易见的吗？"

沃尔夫微微睁开眼睛："你知道生活中有哪些看似值得的事情，其实并不值得吗？"他的嘴角处抽动了一下，这是在微笑吗？

没有异议，我继续说下去："每个人似乎都在寻找捷径——一些很特别的旁门左道，希望在短期内产生神奇的效果。但世界上并没有捷径，埋头研究才是投资的大道。"

"当然，"沃尔夫说，"你必须知道去哪里找。"他沉默了一会儿，随后突然发问："你喜欢打桥牌吗？哈格斯特朗先生。"

"还行"，我回答道，不知道他的葫芦里卖的什么药。

"你还记得以下这段话是谁说的吗？'他在沉默中进行了大量的观察和推理，也许同伴们也是如此。与其说他们所获得的有效信息不同，不如说是他们的观察质量不同。必要的知识在于你知道应该观察什么。'"

"当然，"我回答道，"这是杜邦说的。在《莫格街谋杀案》一书中，他说的是一个惠斯特牌玩家使用的分析过程。当我第一次读到这个章节时，我还不知道有这个游戏。"

沃尔夫说："这是一种纸牌游戏，桥牌的前身。"

"这个故事很有意义，爱伦·坡描述了一个优秀的惠斯特牌玩家需要注意到的所有变量，除了纸牌的玩法，还包括在座玩家的肢体语言、面部表情变化、行为举止等，诸如此类。"

我想了一会儿，说："的确，这些也可以应用到投资中。为了取得成功，投资者必须要做足功课，但更重要的是，他们要知道学习什么——那些有形的和无形的东西。"

沃尔夫停顿了一下，看向我身体左侧的一把黄色的椅子，那里本来是没有人坐的，现在，有一位男人落座了，他身材高大，衣着考究，一副欧洲贵族的绅士模样。

"杜邦先生，"沃尔夫问道，"您还有什么补充的吗？"

"除了目前已有的方法外，并没有新的调查方法。"杜邦说道，"尽管他们采取了大量的举措，但是这些努力往往与目标不匹配。"

沃尔夫看起来很愉快，说道："那么，让我们总结一下。大多数投资者必须接受这样一个令人不快的现实——他们必须要做研究（杜邦称之为观察）。而且，他们要知道什么值得研究。除此之外，开展工作时应该条理清楚，让你的观察符合研究对象的现实情况，确保任何相关的细节不被忽视。你们同意吗？"

我还没有来得及回答，另一个声音突然插入。

"人们说，天才拥有对痛苦无限的忍耐力。这真是个非常糟糕的定义，但它的确适用于侦探。"

"啊，福尔摩斯先生，"沃尔夫说，"欢迎您的到来。"

我赶紧看向另外一边，只见福尔摩斯正安静地坐在第二把黄色椅子上，他手里拿着那只喜爱的烟斗，但为了尊重沃尔夫，烟并没有点上。沃尔夫接过话说："我认为，这个定义也没那么差劲，它确实很适用于这间屋子里的侦探。对吗，阿奇？"

阿奇·古德温在屋子里沉默了许久，以至于我几乎忘记了他的存在。一听到"天才"这个词，他轻声吸了下鼻子，但这个动作还没有轻到逃过沃尔夫的眼睛。现在，他用一只手捂住嘴，另一只手挥了下，仿佛在说："没什么，先生们请继续。"

沃尔夫怒视了他的助手一眼，随后转身看向我："哈格斯特朗先生，您说呢？"

"要我说，这个定义也很适用于那些认真做研究的投资者。一家企业的关键信息往往被埋得很深，正如福尔摩斯先生指出的那样，只有那些愿意承受调查过程的痛苦、掌握所有细节的人，才可能得到真相。"

福尔摩斯说："最细微的地方也许就是最重要的地方，见微知著，滴水见日，真相藏于细节之中，这一直是我的格言。"

杜邦点头表示同意。"我们的经验表明，那些巨大的、深邃的真理，往往来源于表面看似无关紧要的事物。"

沃尔夫轻扣了一下指尖。"那么，我们是否可以说，投资者必须要寻觅每一处地方，收集所有的信息，承受必要的痛苦？"我点了一下头，随后沃尔夫继续他的阐述："除此之外，肯定还有更多的内容。你只有收集到所有的线索，才有可能获得答案，所有的侦探都知道这一点。但线索并不会自动给出答案，除非你全身心投入思考。"

此时，在场的每个人都想发言，除了我之外。我知道，这个屋子里集齐了三个精于分析的侦探头脑，保持沉默对我来说就是最明智的选择。但我记得有一次福尔摩斯对华生说到分析的重要性，有一句话突然闪现在我脑海，令我不由自主地脱口而出："你可以看得到一切，但在试图推理时，仍然失败了，你在推论时太过谨慎。"福尔摩斯记起了这句话，微微一笑。

福尔摩斯接着说："让我们用纯粹的人类理性来考虑这个问题吧，任何事情的形成都不应该逃出人类智慧的解读范围。"

他的话音刚落，房间里一片寂静。这是个相当尴尬的时刻，所有人似乎都不知道接下来该说什么。沃尔夫转向了我，问道："你似乎还不太满意？是我们提供的答案不称心吗？"

"一点也不，你们说的每一句话都完全正确，但我愿意猜测一下，所有的投资者应该都知道这些内容。但还是有什么东西阻止了他们依此而行，这一定和人性有关。"

"啊，"沃尔夫说，"我想你是对的。那让我们请出一个对人性十分了解的人。阿奇，有劳了。"

阿奇从他的椅子上站起来，打开了通往前厅的门。接着进门的是一个身材矮小且肥圆的人，他穿着一件皱巴巴的棕色外套，手里拿着一把破旧的雨伞。

其他两位著名神探似乎是突然出现在椅子上。布朗神父则不同，他以正常的方式走进房间，走路时把他的伞当作手杖使用。

"晚上好，布朗神父，欢迎光临寒舍。"沃尔夫说，"可以给您上点心吗？"

布朗神父要了一杯啤酒，沃尔夫按铃叫来弗里茨。随后，布朗神父坐在阿奇拉过来的黄色椅子上，用脸上温暖的微笑向每个人致意。

"那么，接下来，哈格斯特朗先生？"沃尔夫最后简短地问我。

我正愣着，不知道怎样开始，但神父的表情相当和善，引领我投入对话中。"神父，我相信通过您的工作，您对人的行为和想法会有真正的理解。现在，在我的工作中，我看到人们行动、思考的方式不可理喻，我的意思是有关投资方面。有些事情我认为能理解，但又不是完全理解，我很茫然，不知所措。"

布朗神父很认真地听我说，不时微笑点头，以示鼓励，在他面前说话让我很放松。

我继续说道："我知道你对心理学的了解比我多，但我觉得，在股市里，人们心理的工作方式是错误的，要让他们贯彻执行价值投资者所推荐的逆向买入很艰难。大多数投资者只有在股价上涨时才愿意买入，而当股价下跌时则倾向于卖出。尽管谁都知道，高买低卖绝不是成功的要诀。"

　　沃尔夫轻声叹息了下，似乎想说点什么，但布朗神父仍在仔细倾听，全神贯注地听我说。他的一举一动都在表示："请说下去。"

　　于是，我继续说下去："即使有逻辑推理能力的人，也会被情绪所操控，一旦涉及金钱，情绪化就会体现得很严重。神父，他们经常会忘记自己在做什么、周遭到底在发生什么。"

　　这时，福尔摩斯开口了："首要的事情是不要让你的判断能力受到个性特质的影响。情绪化的特质和清晰的推理能力是对立的。"

　　我接着说："如果这样描述还不够严重的话，我认为很多投资者被个人情绪带到了非常危险的境地，他们患上了一种心理疾病，我称之为'赌徒心理'。他们将股市看作赌场，赌场里总是会有人连着赢，就像市场中总是会有一个行业或者一组股票表现良好，投资者蜂拥来到一直表现良好的那张赌桌前，勇敢地下注。这样看起来投资很简单，他们就跳了进去。但是，一场舞会总有结束的时候，那时，胜利的喜悦会从他们脸上瞬间消失。现在我知道了，杜邦绝不会看到别人在赌博就参与其中，福尔摩斯也不会不假思索地就积极下注。作为伟大侦探，他们永远不会忘记理性和逻辑的指引，让自己陷入这种极具破坏性的情绪陷阱中。"

两个人听到他们的名字时，都迅速抬起了头，冲我点点头。

我说："事实上，有时我在想，情绪也许不是最大的那个陷阱，但它可以解释很多事情。"

布朗神父看起来很高兴，好像我说了一句十分聪明的话。

我继续说："就拿'固执己见'来说吧，我看到有些人在做了简单的研究工作之后就草率下结论，似乎认为他们已经弄清楚了一切，没有进一步调查的必要。我猜测，一部分原因是他们过于自信，也或许只是线性思维的体现。如果一切进展顺利，那么他们期望未来会更好。如果现实情况变差，那么他们认为未来也会很惨淡。他们从不停下随波逐流的惯性，准确分析正在发生的事情，认真考虑未来将如何演变，所以当事情真的发生了变化时，他们就会措手不及。世界并非静止不动的，特别是金融的世界。"

沃尔夫稍稍挪动了一下身子，目光看向他的保险柜，我知道他在那里存放了大量的现金。布朗神父的眼睛一直专注地盯着我，他的身子向前倾，鼓励我继续说下去。

"起初我以为人们只是不愿意浪费时间去更新他们的世界观，但后来我开始思考是否他们只能看到单一的观点。"

福尔摩斯跟着插了一句："从事我们这个职业，视野开阔是必需的要素之一。思想之间的相互激荡，知识之间的交叉运用，通常会给人带来很特别的趣味。"

"这也是成为优秀投资者的要素之一，"我说道，"我不确定投资者是否擅长这一点。许多投资者能注意到特定公司正在发生的事情，但他们看不到也许背后还有其他事情在同步发生。打个比方来说，完整的事实分布在立方体的六个面上，而他们只能看到其中的一个面。"

"哈！"沃尔夫听到这里，叫了一声，激动地用手拍了下他那把皮椅子的扶手，"我也有同感。真理存在于几何形状中。阿奇，麻烦你在身后的书架上把那本《哲学研究》找出来，维特根斯坦说过有关三角形的一些内容，可以解释我们这个话题。"

沃尔夫从阿奇的手中接过书翻了起来，找到自己要看的那一页后，才开口说话。

"路德维希·维特根斯坦，"沃尔夫轻吸了一口气，说道，"一位生于奥地利的英国哲学家，被誉为 20 世纪最重要的分析哲学家。他在书中是这样写的：'这个三角形可以看作一个三角形的洞，也可以看作一个三棱柱的一面，还可以看作一个几何图形！可以看作一座山，可以看作一个楔子，或者看作一个箭头或指针；可以看作一个翻转的物体，还可以看作一个半平行四边形，或是可以看作其他各种各样的东西。'"

我说："从维特根斯坦的三角理论来说，对一家公司也有不同方向的解读，如果投资者可以从多个角度去审视它，那么他将有机会干得更好。"

布朗神父听过许多有关人类之间斗争的忏悔,他向后靠在椅子上,温柔地笑着。

沃尔夫清了清嗓子,以便引起大家的注意:"哈格斯特朗先生,看来我们已经发现了三个主要问题。大多数投资者拒绝做艰苦的投资研究,也无法抵抗情绪的诱惑,最终,他们没有能力构建出正确的结论。我们所讨论的一切现象都是其中一种或几种的体现。"

沃尔夫停顿了一下,也许是为了营造一种戏剧效果。但我在他想发表演讲之前打断了他。

"实际上,我认为有一种情况反映了所有这些错误。我最近经常看到这种情况。这是投资者的一种倾向,不管他们看到了什么,还是听别人说了什么,他们总是会随波逐流。今天,我们称之为传统观念。"

"我也是这么称呼这种现象的。"沃尔夫努力做出了苦笑的表情。

我继续说:"然而,问题是他们为什么会这样?我想我现在已经明白了。其中的一个原因是,从众对他们是成本最小的决定,如果很多人都认为一件事是真实的,那其他人直接选择相信,如此一来就不需要从事额外的工作,因为和众人站在一起可以减少对犯错的恐惧。投资者不敢轻易相信他们自己的判断,对有可能犯错这件事很困惑，也很焦虑。随大流给了他们一种安全和舒适的感觉，尽管这可能是一种错误的感觉。"

布朗神父举起手来吸引我的注意，他终于接过了话柄，说道："在现代世界，我注意到越来越多报纸上的谣言、流行语，泛滥成灾……人们很容易接受这个或那个未经检验的说法。它们像海浪一样涌来，淹没了你的理性主义和怀疑精神。"

现在轮到我冲着他会心微笑了。神父接着说："每个人所知的都太过简单，也是完全错误的。"

我认真端详着布朗神父。他没有尼罗·沃尔夫洋洋洒洒的说辞，也没有杜邦和福尔摩斯那种冰冷的逻辑。他抓住了人们陷入困境的本质，却想方设法让我认为自己才是弄清楚的那个人。和他谈话让我身心愉快，他赋予了我表达的自信。过了一会儿我才意识到，在沃尔夫办公室会谈的整个期间，神父几乎什么话都没有说，大多数话都是我说出来的。

我问道："然而，真正的问题是，我们谈到了人性中的基本内容，但我该如何帮助他们克服掉这些弱点？"

此时，福尔摩斯喃喃地说："人性是一种很奇怪的混合体。"

沃尔夫说："太轻描淡写了，我的朋友。但确实，就我自己来说，我还没有看到人性会改变的证据，尽管我怀疑神父会坚决反对这一点。"说到这里，沃尔夫瞥了布朗神父一眼，神父此刻正露出欣慰的微笑。

"不过，哈格斯特朗先生，你也许会发现，仅仅提出对这些问题的关切，加上我们在座人的协助分析，就会产生有益的效果。也许大多数投资者已经认识到思维中的缺陷，并决定有所行动。这是我们能给予你和他们最好的礼物。还有一点我可以确定的是：人们都拥有无限的学习潜能，你如果往大脑里装入更多的知识，它就会接收到更多，当然，前提是，你得有一个大脑。"

沃尔夫非常想在这件事上做总结陈词，但福尔摩斯抢了他的风头，补充了一句："对学智慧来说，学得晚，比从来不学要强得多。"

的确是这样，我心里想着：学得晚，比不学要强得多。学得晚，比不学强。学得晚……我的眼皮再一次变得沉重，进入了梦乡。

突然，我听到了一声响动，本以为是沃尔夫在拍桌子，随后才意识到，我正坐在自己的书房里，手中的书掉到了地上。有人摇晃了一下我的身体。"罗伯特，"我的妻子说，"夜深了，该睡觉了。"

怎样收集信息

当你要收集有关公司、行业和宽泛的金融信息时，请把自己想象成一名记者。

让我们花点时间回顾下第 3 章中描述的有关信息的三个同心圆：间接、直接、相关人。作为一名投资者，你将研究工作聚焦在和投资计划相关的项目上，所以你的三个层次的信息都是金融信息。

首先，广撒网对你是很有利的。当你想投资一家特定公司或行业时，你一定想要学习相关的一切，但除此之外，还要意识到背后更广泛的金融和经济背景。

同样，我强烈建议不要把自己局限在某个单一的信息源中，比如一份报纸、一本杂志、一档电视节目。我们很容易掉入习惯的控制陷阱，因为我们习惯了那种出版物，熟悉它们的格式和排版，知道去哪里寻找想要的信息。然而一旦我们这么做了，就成功欺骗了自己，这并非因为信息不准确，而是因为它仅仅反映了一种观点。我们应该有意识地拓展自己的视野，养成阅读拥有不同观点的出版物的习惯，这样我们才能接触到各种各样的观点。

间接信息

间接信息是指由那些"局外人"提供的有关一个人、一家公司或一个行业的信息。这些"局外人"没有官方渠道，提供的信息只能说是大致上客观。这类信息往往已经出现在一些媒体上，包括日报、周报、广播、电视节目、时事通讯、论文、书籍等，可供随时查阅。

记者调查通常是从间接信息入手，因为这是了解背景知识的最佳来源，我建议你也这样做。通过阅读广泛的间接信息，你将获得坚实的理解基础，评估直接信息会变得很容易，不管它们是来自个人还是公司。

报纸。最好的起步是从公司总部或其主要工厂所在地的当地报纸开始。如果你的研究集中在一个人身上，那么就从他家乡的日报开始读起。至少先阅读一整年的过往报纸，之后再转向全国性的报纸，比如《华尔街日报》《纽约时报》《华盛顿邮报》《金融时报》，以及《巴伦周刊》等金融周刊。

　　大多数报纸，包括本地报纸，都提供历史新闻的索引，其中很多还通过互联网呈现出完整的故事。获取和打印一篇文章也许要付出少许费用，但考虑到你可能投资的数额，这些费用也就微不足道了。

　　如果你发现了一篇很全面的特写，例如，一篇 CEO 的介绍，或有关公司法律问题的调查综述，请特别注意下出版方和记者，然后及时查找该记者为这家或其他出版社写过的其他报道；同时注意对文章的更正，或者写给编辑部纠正信。

　　正在调查中的记者有时会联系文章的原作者，询问原作者自文章发表后有没有新的变化发生。你也许无法接触到全国性报纸的记者，但你有可能约到当地报纸的记者，做一次非正式的会谈。

　　杂志和时事通讯。我在这里给投资者推荐几本必读的金融杂志，最著名的两本是《财富》和《福布斯》，这两本杂志的杂志社都聘用了大量令人印象深刻的调查记者，他们以有能力揭露被大众广泛误解的金融现象为傲，无论是针对特定公司，还是针对某个行业。此外，还有两本周刊也很值得一读：《商业周刊》为投资者提供了华尔街一周的快速资讯，以及有关公司及其首席执行官的信息。我还强烈建议投资者学习《经济学人》，该杂志于 1863 年首次出版，涵盖了世界范围内的新闻事件，一直是读者可以获得的最具深度和发人深省的杂志之一；除了报道美国，该杂志还报道美洲、亚洲、非洲和欧洲的其他地区，仅仅阅读该杂志的定期调查报告就能值回一年的订阅费。

投资者还应该花一些时间阅读《哈佛商业评论》，该杂志仍然保持着商业和管理研究领域的最高水准。

你还可以从杂志索引中寻找信息来源，比如威尔逊出版的商业期刊索引，检查图书馆的参考资料，或访问网站 www.hwwilsom.com。顺便说一句，你查找资料的第一站应该是找当地图书馆的管理员，他可以为你提供所有的目录和索引。除了我提到的这一些，还会有更多。

养成定期浏览主要的财经杂志的习惯。有些人每隔几周就到当地的图书馆，在期刊室里待上一个小时，这已经足以掌握时事动向。在此过程中，你感兴趣的主题很快会自动跳出来，你将会放慢速度，更仔细地阅读。和主流报纸一样，许多杂志的内容也可以在互联网上读到，所以如果你乐意的话，你也可以在家中浏览。

除了面向大众的杂志之外，也许你还想看看聚焦于某个行业的专业期刊。这些期刊的目标用户通常是行业内人士，有些技术观点也许超出了你的实际需要，但你肯定能从中获得行家里手的观点，这是大众出版物中看不到的。然而，提醒你注意一点：许多行业杂志的员工不多，且很依赖他们所覆盖的信息渠道，因此，他们的文章通常来自一家公司，或者行业协会提供的新闻稿，而且只有少量的编辑跟进报道。为了弥补这种缺陷，获得一个平衡的信息视角，你一定要查看其他信息来源。

要找到你感兴趣的行业出版物，请从以下这些期刊索引开始：UIrich 国际期刊目录、标准期刊目录和前面提到的商业期刊索引。另外，在当地图书馆查一下行业协会百科全书，这可以引导你进入一个行业或专业协会，你可以写信给它们，询问它们赞助出版的期刊。

另一种信息来源是专业通讯，它经常会被忽视，但通常会包含很有趣的信息。想知道是否有一个和你感兴趣的领域相关的来源，可以联系新闻和电子出版商协会。

广播媒体。你还应该收看电视新闻节目，获得有关国家、地区发生的事件，它们可能会影响你的投资计划。主要的网络新闻部门都有网站，如果错过了它们的实时节目，你可以在这些网站上搜索历史新闻。范德比尔特大学的电视新闻档案室制作了电视新闻的索引和摘要，包括主要的晚间新闻节目。位于新泽西州利文斯顿的伯勒尔信息服务（www. burrelles. com）提供一些在线新闻节目的付费全文，但你也可能会发现自己的公共图书馆订阅了它，因此你可以通过图书馆的电脑免费使用。

学位论文。为硕士或博士论文做学术研究的研究生通常比调查记者更受公司的欢迎，有时他们会在其中发现你在其他地方找不到的有趣见解。如果恰好有一篇你感兴趣的公司或行业相关的论文，那就值得花时间看看。要找到它们，你可以从最近的大学图书馆开始。纸质版或在线版论文都可以通过《国际论文文摘》（*Dissertation abstract International*）获得，并且在大多数大学的图书馆都可以找到，也可以通过互联网站点（www. proquest. com）付费获得。

书籍。次要信息类的调查报告通常都会关联到一些该主题下的书籍，图书馆和书店（以及网站）可以提供相关书的列表供你学习。

互联网。如果你是技术爱好者，你可能会跳过以上步骤，直接使用最喜爱的搜索引擎检索信息，这是个性价比很高的决定，可以将以上所提到的报纸、杂志、通讯等信息全部覆盖。同样，许多公共图书馆也可以通过电脑访问，使用它们网站上广泛的参考来源和索引，你可以快速跳转到特定的文件和出版物。当然，如果你已经使用上面列出的资源做了详细的搜索，那么你可能会查到同样的信息。但你也可以找到一个很容易被忽略的全新文档源。使用互联网仍然是一种收集有价值的间接信息的好方法，而且成本低。

另外一种途径涉及搜索在线商业数据库，数以百计的供应商梳理了世界上关于每一个主题或行业所有可能存在的信息。其中一些较大的数据库供应商包括 LexisNexis（www. lexis-nexis. com）、Dialog（www. dialog. com）、DataStar（www. datastar-web. com）和 NewsNet（www. newsnet. com）。这些数据库是基于用户的订阅运行的，其中有一些数据库的费用还很高。因为许多大型公共图书馆购买了订阅服务，所以你可以在它们的计算机内网上访问到。如果你想随时在自己的家庭电脑上访问，需要先思考下现有的信息源是否已经覆盖了这类主题，你是否还愿意为了查漏补缺，增加对某家公司或行业的信息获取而付费购买。

直接来源

直接来源的信息是指直接来自某个人、公司、行业的信息，而不是去读那些别人写的关于他们的文章。它可能是首席财务官的一次演讲，公司发言人的一次专访，行业协会的一份新闻稿，或者公司准备发表的官方声明。但无论是以何种形式出现，直接信息都是从当事人的口中直接说出的。

从许多你调查得来的间接信息中，通常也可以找到直接来源（特别是有了互联网搜索之后），这点可以保证你的充分研究。作为以上信息的补充，你应该熟悉上市公司需要提交

的正式文件，留意政府部门发布的信息，同时学会阅读年度
报告。

SEC 财务报告。美国证券交易委员会要求所有公开上市公
司（纽约证券交易所、美国证券交易所或纳斯达克）披露和股
东权益相关的一切信息。正如《美国联邦法规》第 17 条所述，
这种披露共涉及 180 种不同的信息形式。对投资者来说，最重要
的是年度报告（10 – K）、季度报告（10 – Q）、委托书，以及
10 – K、10 – Q 综合性报告。

年度报告。大多数公司在制作一份精美的年报上不惜花费
重金，许多投资者却只把年报视为一份营销之作，最多只是轻
描淡写一番，这是个认知错误。投资者应该深入挖掘年报里的
内容。有时，年报字号太小，读起来很不舒服，但一些非常有
价值的信息就隐藏在其中。

仔细检查所有的脚注，它们通常是你需要的信息来源。
例如，A 公司向股东披露了良好的利润，但从脚注中才能发
现利润增长的来源：公司养老金计划的预期回报率被向上修
正，因此公司为工人留出的资金变少了，更多的钱则进了利
润表。另一个例子是：公司的某些员工、管理层或董事从公
司获得了贷款，而某个脚注显示，该公司正在核销，延长贷
款的期限。

同时，请别忘了花些时间研究报告的背面，在那里你会发

现管理层对于公司收入、费用的细节讨论。请密切关注管理层对这些话题的看法，比如他们想如何分配公司的利润，分红政策和股票回购计划，向员工发放的股票期权，会计政策、税率的变化，以及公司未来的并购和拆分计划。

年报背后的材料不像封面那样光鲜亮丽，也不像董事会主席致辞那样温暖，但它们的确很能说明问题。记住，你正在像调查记者一样进行独立研究，不要被公司花费不菲、设计好的公关套路迷惑。你的工作是深入表象之下，分析、确认客观证据和管理层的说辞之间是否存在任何不一致。

代理声明。研究完年报之后，接下来看一下公司的委托书。它披露了支付给高管的薪酬福利，还有董事会成员的个人信息。如果一家公司正在考虑更换会计师事务所，那么你应该对此持质疑态度，从委托书中你可以发现这种行为。

招股说明书。接下来看看该公司的招股说明书。当一家公司想通过发行新股或债券募集更多的资金时，管理层必须在招股说明书中向潜在买家披露业务风险，包括可能对公司经营产生实质影响的竞争态势、公司面临的未决诉讼等。此外，招股说明书中还必须解释该公司计划如何使用本次发行所获得的资金。

其他 SEC 报告。公司提供给证券交易委员会的 10－K 和 10－Q 报告对运营情况的披露比提供给股东的同期报告更为详细。SEC 还要求公司提供有关管理层或会计师的变动，或其他值得注意的重大事件，这些信息都可以在 8 - K 表格中找到，标记为"当期更新"。同时再看一下附表 13 - D。SEC 要求任何个人或机构一旦收购了一家公司已发行股票超过 5％时，必须披露其所有权。此外，他们还必须披露未来是否计划采取重大的股票买卖行为，以及意图投资还是控制该公司。

其他监管机构。对投资者而言，美国证券交易委员会是最相关的联邦机构。但你也应该注意其他一些机构，它们同样调查或监管上市公司、私营公司存在的不公平或不安全行为。具体包括：

美国联邦贸易委员会（www. ftc. gov）：调查反竞争和欺骗性的商业行为。

美国消费品安全委员会（www. cpsc. gov）：调查产品的安全性。

平等就业机会委员会（www. eeoc. gov）：调查基于种族、民族、性别、年龄或残疾的歧视。

国家劳工关系委员会（www. nlrb. gov）：调查不公平对待工人的行为，无论是工会还是非工会。

职业安全与健康管理局（www. osha. gov）：调查在工作场所中的身体和健康危害。

环境保护署（www. epa. gov）：调查土地、空气和水的污染。

这些都是公共机构，它们提供的材料服务于社会所有人。它们很可能拥有关于公司行为有价值的信息，在你开始投资之前，联系它们获取信息是个不错的主意。

这些机构都拥有网站，提供了远超你所需要的丰富信息，接触它最便捷的工具是你的电脑。在浏览过程中，你可以略过那些深奥的报告，专注于和公司财务图景相关的资料。

别忘了州和州以外地方机构在监督过程中也发挥着相似的作用。你可能会认为，如果一家公司出现重大违规行为，相关负责的联邦机构会记录在案，但在一些情况下，首次的监管调查是从州一级开始。

同样，当你调查一家具体的公司时，记住机构诞生的初衷就是监管特定的行业。举例来说，制药公司受美国食品药物管理局（www.fda.gov）的监管。货币监理署（www.occ.treas.gov）负责监管国家特许设立的银行。公用事业公司受其业务所在州的监管，同时也受到联邦层面全国公用事业监管委员协会（www.naruc.org）的监管。与上面列出的监督机构一样，你可以在相关网站上搜索感兴趣的公司的信息。

相关人

记者以坚持联系到任何可能的相关当事人，穷根问底的探索精神而闻名，抑或因此背负恶名。他们想方设法和首席执行官、董事会主席、高级政府官员以及各色人等交谈。作为个人投资者，你没有社会公认的媒体资源背书，可能无法接触到同样的信息源。但这并不意味着你要放弃以个人的身份独自进行调查，这只是意味着你需要具备一些创造性和灵活应对能力。请回顾一下第 3 章的内容，关于怎样寻找在职或离职员工进行调查，我给出了建议。

后　记

如果没有玛吉·斯塔基的勤奋工作和无私奉献，以及对推理故事的热爱和写作天赋，你就没有机会读到这本书。我这么说绝非夸大其词，而是恰如其分的描述，她倾尽全力，奉献自己的天赋和才华，《大侦探投资学》才成为可能。

几年前，玛吉和我正在合作一本名为《格栅理论》（后来名字改为《投资：最后的文科》）的书，书中讲述了通过多学科的学习会对投资产生很有价值的交叉作用。我为这本书写作了其中一个章节，推荐投资者从经典的推理故事中学习行之有效的经验。具体来说，我推崇的是福尔摩斯的探案方法：全面收集信息—理性分析—运用清晰的逻辑得出结论。投资者同样应该这么做。我认为，遵循大侦探的方法，可以为做好投资开辟新的路径。但玛吉建议我扩展一下这个想法，写一本关于伟大侦探的书，分析他们解决问题的方法，然后与投资者从事股票分析应采取的步骤相结合。所以，你看，如果没有玛吉的热情参与和她对侦探小说的专业认知，这本书根本不可能写出来。

我还要感谢三位书商，他们在推理小说方向上的专业背景为写作本书的研究工作贡献了巨大的价值：俄勒冈州波特兰市的卡罗琳·莱恩，宾夕法尼亚州布林莫尔神秘书店的鲍勃·尼森鲍姆，以及纽约的奥托·彭茨勒。在我多次参观奥托的奇妙书店的过程中，他总是抽出时间，不厌其烦地回答我提出的无穷多的问题，并为这本书提供了一些深思熟虑的建议。

我还要深深表达对三位才华横溢的作家的感激之情，他们是埃德娜·布坎南、劳里·金、斯蒂芬·肯德里克。这三位天才作家慷慨地分享了他们对于作品和角色的见解，为投资者如何从探案小说中汲取营养提出了建议。

我还要感谢《巴伦周刊》的乔纳森·莱恩、天普大学的林·华盛顿教授和瑞士信贷第一波士顿银行的迈克尔·莫布森，每个人都付出了宝贵的时间，帮助我将从伟大侦探身上学习到的经验和投资实践联系起来，为本书的诞生做出了杰出贡献。

此外，还有几位业内人士为本书贡献了他们的时间和见解。在美盛集团基金管理公司，我从比尔·米勒、米切尔·佩恩和兰迪·毕富默身上受益良多。同时，我还感谢桑福德·伯恩斯坦公司的瓦迪姆分享了他对于戴尔公司的洞见。

特别感谢耶鲁大学的欧文·布雷弗曼博士和洛斯阿拉莫斯国家实验室的杰弗里·韦斯特博士所做的宝贵研究。

迈尔斯·汤普森是出版商、总裁，也是我的朋友，他在短短几年里做了一项杰出的工作，将才华横溢的作家聚集在一起，形成了一个汇集各式各样人才的优秀组织。我很荣幸成为Texere的一员，感谢所有为了这个组织不知疲倦地工作的人。

我非常感谢塞巴斯蒂安机构的劳里·哈伯。劳里是作家的完美代理人，她给予我无微不至的关怀，帮助我度过了从开始写作到出版这本书的复杂旅程。在过去一年中，我面临着各种纷扰和实际困难，劳里是真正的伙伴和战友，我要感谢她的专业精神，以及她正直、诚实的品格，还有在漫长的最后一天终于结束时，她体现的出色的幽默感。谢谢你，劳里！

最后，特别感谢埃里克·彼得森和凯茜·克拉多纳托在莱格·梅森集中资产公司所做的工作。埃里克为我做了额外的工作，研究了一些新想法；而凯西一丝不苟地准备了交付的手稿。

当一名作家将全副精力灌注到一个项目中时，其对于家庭的关心自然会减少。于我而言最幸运的是，妻子玛吉一直是我获得爱和力量的源泉。她以一己之力承担起了家庭的重任，以及里里外外的事务，如此我才有机会专注于阅读、研究和写作。虽然玛吉、罗伯特和约翰排在了名单的最后，但他们在我心中永远是第一位的。

在阅读本书的过程中，如果你有一些收获和认同，应该感谢以上提到的这些人。而如果书中有任何的错误或不完善之处，由我一个人担责。

罗伯特·哈格斯特朗

图书在版编目（CIP）数据

大侦探投资学 /（美）罗伯特·哈格斯特朗著；崔
振巍译. -- 北京：中国人民大学出版社，2024.1
ISBN 978-7-300-32392-3

Ⅰ.①大… Ⅱ.①罗… ②崔… Ⅲ.①投资－通俗读
物 Ⅳ.①F830.59－49

中国国家版本馆 CIP 数据核字（2023）第 251964 号

大侦探投资学

［美］罗伯特·哈格斯特朗　著

崔振巍　译

Dazhentan Touzixue

出版发行	中国人民大学出版社				
社　　址	北京中关村大街 31 号		**邮政编码**	100080	
电　　话	010 - 62511242（总编室）		010 - 62511770（质管部）		
	010 - 82501766（邮购部）		010 - 62514148（门市部）		
	010 - 62515195（发行公司）		010 - 62515275（盗版举报）		
网　　址	http://www.crup.com.cn				
经　　销	新华书店				
印　　刷	涿州市星河印刷有限公司				
开　　本	890 mm×1240 mm　1/32		**版　　次**	2024 年 1 月第 1 版	
印　　张	9.875 插页 2		**印　　次**	2024 年 1 月第 1 次印刷	
字　　数	174 000		**定　　价**	69.00 元